Bibliografische Information der Deutschen Nationalbibliothek:

Die Deutsche Nationalbibliothek verzeichnet diese Publikation in der Deutschen Nationalbibliografie; detaillierte bibliografische Daten sind im Internet über http://dnb.d-nb.de abrufbar.

Impressum:

Copyright © 2016 Studylab

Ein Imprint der GRIN Verlag, Open Publishing GmbH

Druck und Bindung: Books on Demand GmbH, Norderstedt, Germany

Coverbild: ei8htz

Matthias Schwan

Neue Wege im War of Talents. Social-Media als Werkzeug für die Personalbeschaffung

2015

Inhaltsverzeichnis

Abbildungsverzeichnis 5

1. Einleitung 7

   1.1 Ausgangssituation und Problemstellung 7

   1.2 Ziel der Arbeit 8

2 Demografischer Wandel 9

3 Employer Branding 10

   3.1 Die Arbeitgebermarke gestalten und positionieren 12

   3.2 Das interne und externe Employer Branding 14

   3.3 Methoden der Nachhaltigkeit und der Erfolgsmessung 18

4 Social Media als Werkzeug für das Personalrecruiting 20

   4.1 Social Media Einstieg 21

   4.2 Plattformen 23

      4.2.1 XING 23

      4.2.2 LinkedIn 29

      4.2.3 Facebook 34

   4.3 Rechtliche Herausforderungen 39

   4.4 Guidelines 39

   4.5 Möglichkeiten der Erfolgsmessung 41

   4.6 Chancen und Risiken beim Einsatz von Social Media 41

      4.6.1 Chancen 42

      4.6.2 Risiken 42

5 Trends und Herausforderungen 43

   5.1 Aktuelle Frequentierung von Social Media durch potenzielle Nachwuchsführungskräfte 43

   5.2 Social Media im Mittelstand 43

6. Schlussfolgerung und Fazit 46

Literaturverzeichnis 48

Anhang - Umfrageergebnisse 52

Abbildungsverzeichnis

Abbildung 1: Altersaufbau der Bevölkerung in Deutschland 9

Abbildung 2: Beispielhafte Rahmenbedingungen des Personalmanagement 10

Abbildung 3: Transformation des Recruitings. 21

Abbildung 5: Startseite Xing-Account 25

Abbildung 6: Stellenanzeigen XING 27

Abbildung 7: Mitgliederzahlen LinkedIn 29

Abbildung 8: Suchfunktion LinkedIn 31

Abbildung 9: Aktuelle Preise für eine Stellenanzeige bei LinkedIn 32

Abbildung 10: LinkedIn Stellenanzeige erstellen 32

Abbildung 11: Startbildschirm 37

Abbildung 12: Überlappung bei Social Media Nutzung 40

Abbildung 13: Recruiting-Mix. 44

Vorbemerkung: Um die Lesbarkeit zu vereinfachen wird auf die zusätzliche Formulierung der weiblichen Form verzichtet. Der Autor möchte deshalb darauf hinweisen, dass die ausschließliche Verwendung der männlichen Form explizit als geschlechtsunabhängig verstanden werden soll!

1. Einleitung

„... wäre der denkbar großartigste Kommunikationsapparat des öffentlichen Lebens, ein ungeheures Kanalsystem, d.h., er würde es, wenn er es verstünde, nicht nur auszusenden, sondern auch zu empfangen, also den Zuhörer nicht nur hören, sondern auch sprechen zu machen und nicht zu isolieren, sondern ihn in Beziehung zu setzen."[1]

Vor 80 Jahren widmete sich Berthold Brecht dem damals immer mehr Stellenwert zunehmendem dialogorientierten Informations- und Wissensaustausch. Die Ideologie von Brechts kann nicht nur auf die digitalen Medien und Technologien des 21. Jahrhunderts übertragen werden, sondern auch auf den Einsatz sozialer Onlinenetzwerke.

Durch die sozialen Medien hat sich die Personalrekrutierung enorm verändert. Die Art und Weise, wie Menschen nach Arbeit suchen und sich darüber austauschen, ist im Vergleich zu den klassischen Personalgewinnungsmethoden vielfältiger geworden. Durch den Einsatz sozialer Medien gibt es eine Vielzahl neuer Verbindungen um Informationen beziehungsweise Meinungen über freie Stellen und Unternehmen zu erlangen sowie sich darüber auszutauschen.

Die Unternehmen müssen sich in den nächsten Jahren zwei wesentlichen externen Einflüssen stellen. Der Fortschritt zur mobilen und vernetzten Gesellschaft sowie die sich wandelnde Bevölkerungsstruktur, wie dem demografischen Wandel.

1.1 Ausgangssituation und Problemstellung

In vielen Unternehmen gibt es heutzutage Schwierigkeiten qualifizierte Bewerber richtig anzusprechen und zu gewinnen. Insbesondere betrifft das die Bewerber in den Bereichen Mathematik, Informatik, Naturwissenschaften und Technik. Sie werden zusammengefasst auch als MINT-Bereiche bezeichnet. Darüber hinaus gibt es diese Probleme auch in den handwerklichen Bereichen. Es tritt nicht nur bei einzelnen Unternehmen, Regionen oder Branchen auf. Deshalb kann daraus geschlossen werden, dass es strukturelle Ursachen für dieses Phänomen gibt. Einer der oft genannten Gründe für den Mangel an qualifizierten Bewerbern ist der demografische Wandel. Die abnehmende Qualität der Schulabschlüsse, die Auswanderung guter Köpfe in dynamischere Regionen, die ab-

---

[1] Brecht, B. (1967), S 132.

nehmende Loyalität zu den Unternehmen und der Branchenwettbewerb spielen dabei ebenso eine wichtige Rolle.[2]

Deswegen müssen sich Unternehmen in der heutigen Zeit ein paar Fragen stellen:

Wie erhalte ich genügend qualifizierte Bewerbungen?
Welche Kanäle soll ich nutzen, um eine offene Stelle zu bewerben?
Wie kann ich gute Bewerber von meinem Unternehmen überzeugen?
Welches sind die Kriterien, nach denen Bewerber ihre Wahl treffen?[3]

1.2 Ziel der Arbeit

Die Arbeit gibt einen Überblick über den neuen Recruiting-Bereich, dem Social Network. Mittels einer Umfrage wird die aktuelle Frequentierung von potenziellen Nachwuchsführungskräften und qualifizierten Fachkräften festgestellt. Die Chancen und Risiken von Social Media werden in dieser Arbeit erläutert. Aus allen vorliegenden Daten wird ein beispielhafter Recruiting-Mix für ein fiktives mittelständisches Unternehmen erstellt.

---

[2] Vgl. Hermann, A. (2012), S. 9.
[3] ebd., S. 8.

2 Demografischer Wandel

Der demografische Wandel in Deutschland ist geprägt von sinkenden Geburtenzahlen und steigender Lebenserwartung. Dies führt zu einer erhöhten Wettbewerbssituation zwischen Unternehmen, da die Altersgruppe der unter 20-Jährigen abnimmt. Vergleiche dazu Abbildung 1.

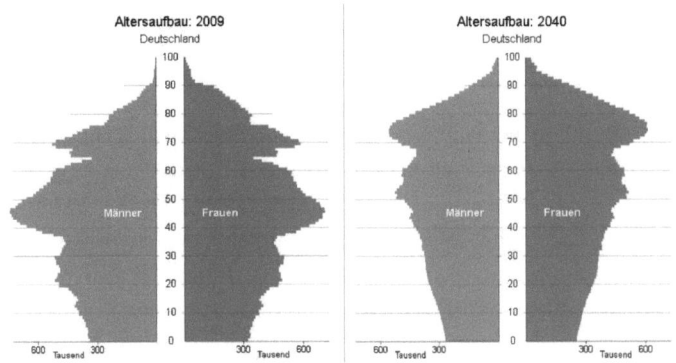

Abbildung 1: Altersaufbau der Bevölkerung in Deutschland
entnommen aus: https://www.destatis.de/bevoelkerungspyramide Variante 1-W1 Stand: 15.02.2015 15:00 Uhr

Langfristig führt dies zu einem Nachwuchskräftemangel für Unternehmen. Der Arbeitsmarkt wandelt sich immer mehr von einem anbieter- zu einem nachfrageorientierten Markt. Die Personalabteilungen stehen vor neuen Herausforderungen, um den benötigten Personalbedarf ausreichend mit Fachkräften zu bedienen und die Mitarbeiter an das Unternehmen zu binden. Dabei ist die Zielgruppe der Hochschulabsolventen als Nachwuchskräfte besonders gefragt. Der Wettstreit um die wenigen Kandidaten wird auch als War of Talents bezeichnet.

Die Generation der jetzigen Hochschulabsolventen ist die erste Generation die mit der digitalen Technik aufgewachsen ist und somit ist sie ein ständiger Wegbegleiter. Deswegen sind die nächsten Nachwuchsführungskräfte kaum noch über das traditionelle schalten von Stellenanzeigen in Printmedien zu erreichen. Das Internet wird Aufgrund dessen zu einem der wichtigsten Instrumente für die Personalbeschaffung. Das Wettrüsten für den War of Talents hat begonnen.

3 Employer Branding

Um Unternehmensziele zu erreichen ist die Personalwirtschaft ein sehr wichtiger Bestandteil eines Unternehmens. Sie umfasst alle personellen Beschaffenheiten.[4]

Aus der Personalwirtschaft wird das Personalmarketing abgeleitet. Es hat die Aufgabe das personalwirtschaftliche Instrument zielgerichtet und bewusst einzusetzen, um zukünftige Mitarbeiter zu akquirieren sowie die gegenwärtigen Mitarbeiter zu motivieren.[5]

Um den Personalbestand anzupassen wird die Personalbeschaffung vom Personalmarketing unterstützt. Die Planung neuer Stellen durch neue Abteilungen oder Produktlinien und das Wiederbesetzen von vorhandenen Stellen aufgrund von Ruhestand, Erziehungsurlaub oder Kündigungen zählt zu den Gründen für den quantitativen Personalbedarf.[6] Die Einstellung von neuen Mitarbeitern hat zeitnah zu erfolgen um wettbewerbsfähig zu bleiben.

Neben der Besetzung von freien Stellen hat das Personalmanagement eine Vielzahl von Rahmenbedingungen, die interne und externe Ausrichtungen besitzen, in den Einklang zu bringen und auszuüben.

Als kleiner Ausschnitt der Tätigkeiten dient Abbildung 2.

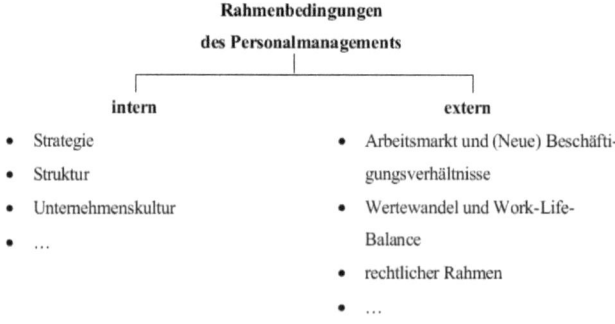

Abbildung 2: Beispielhafte Rahmenbedingungen des Personalmanagement entnommen aus: Scherm, E./Süß, S. (2011), S. 8.

---

[4] Vgl. Wöhe, G./Döring, U. (2010), S. 128.

[5] Vgl. Scholz, C. (2001), S. 180.

[6] Vgl. ebd., S. 175.

Interne Rahmenbedingungen:

Als erstes ist durch das Unternehmen eine strategische Aufgabengliederung vorzunehmen. Anhand dieser Gliederung werden den Mitarbeitern je nach Neigung verschiedene Karrieremöglichkeiten angeboten. Die Karrierewege lassen sich unter anderem in eine Fach-, Führungs- oder Projektlaufbahn aufteilen.[7]

Aus der strategischen Aufgabengliederung und der Festlegung von Strategien ergibt sich die Organisationsstruktur eines Unternehmens in Form von Abteilungen und Stellen. Die Abteilungen und Stelleninhaber werden durch die Unternehmenskultur mit Unternehmenswerten, Denkmustern, Handlungsweisen und deren Ergebnissen geprägt beziehungsweise geformt.[8]

Neben dem Unternehmensstandort, der Tätigkeit und dem Geld ist die Unternehmenskultur einer der ausschlaggebenden Gründe für Bewerber um eine Position beziehungsweise Stelle anzunehmen oder abzulehnen.[9]

Externe Rahmenbedingungen:

Bei den externen Rahmenbedingungen ist noch einmal kurz die sich drastisch ändernde Arbeitsmarktsituation zu nennen. Diese ist untere anderem wie bereits oben beschrieben, auf den demografischen Wandel zurückzuführen. Die Unternehmen müssen diesen Engpass rechtzeitig erkennen und Maßnahmen generieren, um besonders die MINT-Berufszweige in der Zukunft besetzen zu können. Mittlerweile gibt es schon in einigen Unternehmen Engpässe und MINT-Stellen werden nur schwer, verspätet oder gar nicht besetzt.

Neben dem Wandel des Arbeitsmarktes gibt es zu früher auch einen Wandel in der Bevölkerung. Die Mitarbeiter wünschen eine ausgeglichene Work-Life-Balance. Diese gilt bei den eigenen und zukünftigen Mitarbeitern zu beachten. Eine ausgewogene Work-Life-Balance kann durch den Arbeitgeber zum Beispiel mit folgenden Maßnahmen gestaltet werden:

- Flexible Arbeitszeiten.
- Förderung von Freizeit-, Kultur-, und Sportaktivitäten.
- Organisation von Kinderbetreuung.[10]

---

[7] Vgl. Petkovic, M (2008), S. 202.
[8] Vgl. Scherm, E./Süß, S. (2011), S. 8 & Oechsler, W. (2006), S. 149.
[9] Vgl. Felser, G. (2010), S. 42.

Alle dieser personalpolitischen Maßnahmen sind natürlich unter der Einhaltung von geltenden Gesetzten und Regulierungen durchzuführen. Diese sind beispielsweise das Allgemeine Gleichbehandlungsgesetz, Tarifverträge, Betriebsvereinbarungen, das Arbeitszeitgesetz, das Bundesurlaubsgesetz, das Jugendarbeitsschutzgesetz, das Kündigungsschutzgesetz und das Mutterschutzgesetz.

Ein Unternehmen kann seine ökonomischen Ziele, wie zum Beispiel die Gewinnmaximierung oder das Unternehmenswachstum, mit den Zielen der Arbeitnehmer, wie beispielsweise soziale Ziele, eine gerechte Entlohnung, Arbeitsplatzsicherheit oder gute Arbeitsbedingungen, miteinander verknüpfen. Dafür sollte es alle Rahmenbedingungen des Personalmanagement ausgewogen beachten.[11]

Das Personalmanagement der Zukunft sollte sich dienstleistungsorientiert aufstellen und ebenso handeln. Neben der reinen Personalbeschaffung sowie der Personalverwaltung, ist es wichtig darüber hinaus Veränderungsprozesse in der Unternehmenskultur, den Arbeitswelten und der Kommunikation zu unterstützen und zu begleiten, um somit zur Unternehmenssicherung beizutragen.

Das Personalmarketing hat über die Akquise und die Motivation der Mitarbeiter hinaus noch die Aufgabe das Unternehmen zu profilieren, um sich durch seine Charakteristika von den Wettbewerbern deutlich abzuheben und dabei eine zentrale Botschaft zu senden.[12]

Die klare Positionierung und die daraus abgeleitete Kommunikation als attraktiver Arbeitgeber sind als „Employer Branding" zusammenzufassen.[13]

3.1 Die Arbeitgebermarke gestalten und positionieren

Es wird für Bewerber immer schwieriger eine Unterscheidung zwischen den einzelnen Arbeitgebern vorzunehmen, da sie sich wie im Produktmarkt mit ähnlichen Floskeln positionieren und diese unspezifischen Floskeln weder eine klare Botschaft noch ein deutliches Arbeitgeberprofil erkennen lassen.[14]

---

[10] Vgl. Petkovic, M. (2008), S. 200.
[11] Vgl. Wöhe, G./Döring, U. (2010), S 70.
[12] Vgl. Scholz, C. (2001), S. 180 f.
[13] Vgl. Trost, A. (2009), S. 13.
[14] Vgl. Bollwitt, B. (2012), S 36.

Deswegen kann das entscheidende Ziel des Arbeitgeberbranding nur darin besten, dass das Unternehmen für die relevanten Zielgruppen den Status eines „First Choice-Arbeitgebers" einnimmt.[15]

Die Arbeitgebermarkenpositionierung wird im Rahmen des Employer Branding durchgeführt und durch die Einnahme der Employer Value Proposition, kurz EVP, vorgenommen. Sie bestimmt die Grundausrichtung und fasst die Nutzen sowie die Werteversprechen des Arbeitgebers zusammen.[16]

Die EVP nimmt durch eine zentrale und spezialisierte Botschaft, analog zur Unique Selling Proposition aus dem Produktmarketing, die Ansprache an aktuelle sowie potenzielle Mitarbeiter vor.[17] Sie ist das Arbeitgeberversprechen und bildet den Kern der Arbeitgebermarke.[18]

Sie entwickelt die Markenidentität und ist zusätzlich dazu durch herausfordernde Tätigkeitsfelder wie der Selbständigkeit, der Lifestyle-Gestaltung, sowie der Arbeitszeitgestaltung und durch interessante Entlohnungsmodelle zu stärken.[19]

Es lässt sich für die Erschaffung des Employer Brands folgender Zeitplan erstellen:

- Arbeitgeberpräferenzen (Employer-of-Choice) schaffen
- Den Bekanntheitsgrad erhöhen
- Die personalpolitische Qualität und Einzigartigkeit transportieren
- Die Sympathie, die Identifikation, das Vertrauen zum Arbeitgeber erhöhen.[20]

Das Unternehmensimage wird mit dem Image als Arbeitgeber komplettiert und trägt so dazu bei, die gesellschaftliche Wahrnehmung auf das Unternehmen zu beeinflussen. So prägt das Unternehmensimage verstärkt den Erfolg bei Personalgewinnungsmaßnahmen. Bei den akademischen Nachwuchskräften belegen

---

[15] Vgl. Petkovic, M (2008), S. 61.
[16] Vgl. Stotz,W./Wedel,A. (2009), S 103.
[17] Vgl. Scholz, C. (2011), S. 183.
[18] Vgl. Trost, A. (2009), S. 16.
[19] Vgl. Scholz, C. (2011), S. 184.
[20] Vgl. Petkovic, M (2008), S. 184 f.

gerade die Unternehmen die mit einem positiven Image versehen sind die vordersten Plätze in den Präferenzlisten.[21]

Erst durch qualifizierte sowie motivierte Mitarbeiter kann ein Wettbewerbsvorsprung gegenüber der Konkurrenz erreicht werden, denn die Produktionsfaktoren wie Werkstoffe und Betriebsmittel sind für alle Unternehmen zu fast den gleich Bedingungen auf offenen Märkten zu erwerben.[22]

Für viele der potenziellen Bewerber ist die Attraktivität des Unternehmens sehr stark mit der zugehörigen Branche, der Wirtschaftskraft sowie dem Wachstumspotential des Unternehmens verbunden.[23]

Obwohl in vielen Regionen die mittelständischen Unternehmen sehr beliebt sind, werden die vorderen Plätze beim jährlich erscheinenden Ranking der First-Choice-Arbeitgeber, durch die großen und bekannten Unternehmen belegt.[24]

Genau aus diesem Grund werden primär Beratungsunternehmen und Automobilbauer von den High Potentials frequentiert. Sie sind hochbegabte Menschen, die später Führungspositionen im Unternehmen einnehmen.[25]

Um der Konkurrenz einen Schritt voraus zu sein, sind demografieorientierte Personalmaßnahmen nötig, sowie der daraus abgeleitete Anspruch zur Entwicklung und Stärkung der Arbeitgebermarke. Auch wenn für Fachkräfte und vor allem für die potenziellen Führungsnachwuchskräfte zunächst die Wirtschaftskraft eines Unternehmens als ausschlaggebender Faktor darstellt, so kann der Transfer dieser Mitarbeiter mit einem verlässlichen Arbeitgeberversprechen durch eine überzeugende Arbeitgebermarke in Kombination mit einem positiven Unternehmensimage gelingen.

3.2 Das interne und externe Employer Branding

Genau wie im klassischen Marketing hat die Planung und Konzeptionierung der Arbeitgebermarke eine Teilung von heterogenen Gesamtmärkten in homogene Teilmärkte vorzunehmen. Die homogenen Teilmärkte werden als Segmente und der Prozess wird Marktsegmentierung bezeichnet.

---

[21] Vgl. Petkovic, M (2008), S. 78.
[22] Vgl. Wöhe, G./Döring, U. (2010), S 128.
[23] Vgl. Petkovic, M (2008), S. 80.
[24] Vgl. Trost, A. (2009), S. 17.
[25] Vgl. Petkovic, M (2008), S. 65.

Die aufgeteilten Segmente lassen sich im Rahmen des Employer Branding in internen und externe Zielgruppen aufteilen. Die Identität der Arbeitgebermarke ist für beide Gruppen zu verankern. Die eingesetzten Kommunikationsinstrumente sind ebenfalls in die interne und externe Zielrichtung aufzuteilen. Des Weiteren ist eine Unterscheidung zwischen der direkten und der Massenkommunikation vorzunehmen.[26]

Während die Arbeitgeberbotschaft bei der Massenkommunikation ein breites Publikum erreichen soll, werden bei der Direktkommunikation nur Instrumente eingesetzt, um eine begrenzte Zahl an Zielpersonen zu erreichen. Die Instrumente bei der Direktkommunikation müssen die Markenstärke des Arbeitgebers noch deutlicher zum Ausdruck bringen als in der Massenkommunikation.[27]

Die Kernbotschaft des Unternehmens lässt sich aus einer klar definierten Arbeitgeberidentität mit verständlich formulierten Attributen ableiten. Diese führt dann zur Strategie für die externe und interne Ansprache. Die Einhaltung dieser Strategie ist enorm wichtig, denn dadurch wird bei Mitarbeitern und Bewerbern das Gefühl der Unternehmenszugehörigkeit ausgelöst. Beide Gruppen werden somit zum Teil der Unternehmensmarke.[28]

Nachdem auf der operativen Ebene die Segmenteinteilung des internen und externen Employer Brandings stattgefunden hat, können, im Rahmen des Employer Brandings, die Aufgaben und Angebote des Personalmanagements in Produkt- und Prozessbereiche eingeteilt werden. Beispielsweise sind dies auf der Produktebene Vorteile von Geldwerten und auf Produktebene das Angebot von Förderprogrammen. Zu den größten Attraktivitätsfaktoren für Nachwuchsführungskräfte ist die Möglichkeit der Weiterbildung in einem Unternehmen. Deswegen ist es für das Unternehmen unerlässlich ein umfassendes Angebot zur Weiterentwicklung und zur Qualifizierung zu schaffen.[29] Schließlich sind die Nachwuchsführungskräfte der zukünftige Dreh- und Angelpunkt des Unternehmens.

Die Vereinbarkeit von Familie und Beruf ist für die meisten Mitarbeiter einer der wichtigsten Punkte im Berufsleben. Deswegen sollte Arbeitsumfeld des Mitarbeiters lebensphasenorientiert gestaltet werden. Vom Einstieg in das Unter-

---

[26] Vgl. Buckesfeld, Y. (2012), S. 50.

[27] Vgl. Petkovic, M (2008), S. 204 f.

[28] Vgl. Felser, G. (2010), S. 16

[29] Vgl. Petkovic, M (2008), S. 201.

nehmen über Ausbildung- und Studentenprogramme, über Beförderung in Führungspositionen, Elternzeitmodelle, dem Gesundheitsmanagement und schließlich bis hin zu Altersteilzeitmodellen.[30]

Diese Maßnahmen lassen sich über unternehmensinterne Kommunikationsinstrumente wie beispielsweise das Intranet, Newsletter oder eine Mitarbeiterzeitschrift transportieren.

Am besten kann die Distanz zwischen dem internen und externen Employer Branding überwunden werden indem die Mitarbeiter ihre Erfahrungen aus dem Unternehmen eigenverantwortlich nach außen tragen und dabei authentisch bleiben.[31]

Die Botschaft aus dem Mund eines Freundes, eines Sportskollegen, eines Schulkameraden klingt viel glaubwürdiger, als Botschaften aus Hochglanzbroschüren.

Einige gute Beispiele für Botschafter sind:

- Ausgeschiedene Beschäftigte, die auch weiterhin Kontakt zum Unternehmen haben.
- Studierende, die erfolgreich ein Praktikum oder eine Studienarbeit absolviert haben. (Eine gute Betreuung des Werkstudenten zahlt sich langfristig aus.)
- Schülerpraktikanten, die erfolgreich ein Praktikum absolviert haben.[32]

Die wesentliche Kommunikation im Segment des externen Employer Brandings wird dabei über das Hochschulmarketing und Karriereseiten im Internet betrieben.

Beispiele für Employer Branding an Hochschulen:

- Das Unternehmen sollte sich auf den richtigen Ausbildungs- und Hochschulmessen stetig präsentieren.
- Kooperationsverträge mit Schulen und Universitäten abschließen und dabei besonders auf die konkreten Maßnahmen zur Zusammenarbeit achten.

---

[30] Vgl. Bollwitt, B. (2012), S.55.
[31] Vgl. Trost, A. (2009), S.55.
[32] Vgl. o.V. (o. J. a).

- Praktikanten und Studierende können in dualen Studiengängen als Multiplikatoren Ihrer Employer Brand an der Universität oder Hochschule genutzt werden.
- Sponsoring von Sportwettbewerben oder anderen Events, auf denen die potenziellen Bewerber anzutreffen sind.[33]

Bei den Unternehmen hat sich zunehmend die Erkenntnis durchgesetzt, dass sie möglichst früh den Kontakt zu den zukünftigen Hochschulabsolventen suchen, sie frühzeitig binden und direkt nach ihrem Abschluss einstellen sollte.[34]

Es werden nicht alle dieser Fachkräfte in das Unternehmen wechseln. Sie sind dennoch ein wichtiger Kontaktpartner, wenn sie zu einem anderen Arbeitgeber wechseln. Durch sogenannte Netzwerktreffen, wie beispielsweise aus dem Alumni-Netzwerk, besteht die Option, dass einige Mitarbeiter in einem späteren Schritt ihrer Karriere zu dem vertrauten Unternehmen von früher zurückkehren. Deshalb sollten die Unternehmen immer das Ziel verfolgen weiterhin den Kontakt zu ehemaligen Mitarbeitern sowie Werkstudenten aufrecht zu erhalten und sie zu Wertschätzen.[35]

Das Unternehmen kann einen großen Vorteil im War of Talents erzielen, wenn es sich auf Social-Media-Plattformen präsentiert. Die eigenen Mitarbeiter können auf diesen Plattformen integriert werden und somit bekommt der potenzielle Bewerber einen authentischen Einblick in das Unternehmen den er bei einer herkömmlichen Stellenanzeige nicht hätte. Damit kann das Unternehmen für die Zielgruppe ständig präsent sein und schnell auf individuelle Fragen reagieren. Gerade für kleine Unternehmen bietet sich so die Chance sich als Arbeitgeber bei der Zielgruppe zu präsentieren.[36]

Einige Beispiele zur Nutzung von Social Media für das eigene Employer Branding:

- Einen eigenen Imagefilm über das Unternehmen auf www.youtube.de stellen.
- Eine eigene zielgruppenspezifische Karrierewebseite erstellen.

---

[33] Vgl. ebd.
[34] Vgl. Trost, A. (2009), S. 97.
[35] Vgl. Schindler, M./Liller, T. (2011), S.212 f.
[36] Vgl. Grohe, M. (2011), S. 131 ff.

- Unternehmensnews können getwittert werden.
- Präsentation auf den bekanntesten Plattformen wie Facebook, XING und LinkedIn.
- Einen eigenen Blog schreiben oder Nachwuchskräfte und Auszubildende den Blog über die Arbeit und die Ausbildung schreiben lassen. Dies wirkt in der Regel authentischer.[37]

Das Ziel eine starke Arbeitgebermarke zu erreichen kann nur etappenweise angegangen werden. Außerdem ist der Weg stark davon abhängig welche Auswahl das Unternehmen bei den internen und externen Kommunikationsmitteln vorgenommen hat. Sie sind der Treiber für die Vermittlung der Botschaft des Arbeitgebers und erwirken nur bei einer bestmöglichen Auswahl die Differenzierung und Hervorhebung zur Arbeitgeberkonkurrenz. Der durch die kompakte Darstellung und der Vernetzung aller Kommunikationsinstrumente geschaffene Mehrwert erfordert eine nachhaltige Strategie. Eine glaubwürdige, kreative und prägnante Botschaft erreicht die Mitarbeiter des gesamten Arbeitsmarktes. Mit glaubwürdigen und auch einlösbaren Versprechungen können diese langfristig an das Unternehmen gebunden werden.

3.3 Methoden der Nachhaltigkeit und der Erfolgsmessung

Eine nachhaltige Strategie bemisst sich zum einen auf die qualifizierte Personalstellenbesetzung und zum anderen in der Steigerung des Unternehmenswertes. Das Personalmarketing wird als erfolgreich bewertet, wenn qualifizierte Mitarbeiter im Unternehmen verbleiben und sie sich in ihren Aufgaben bewähren.[38]

In Zeiten des demografischen Wandels können die klassischen Kennzahlen wie beispielsweise Personaleinstellungen im laufenden Jahr, Gehaltsstruktur, Neueinstellung im Vergleich zum Personalbestand und Änderung der Altersstruktur nicht mehr isoliert betrachtet werden. Sie sind als Indikator zu betrachten und müssen um die Kennzahlen der Durchlaufzeiten einer Bewerbung, Zahl der Bewerber pro Einstellung sowie Austritte während der Probezeit ergänzt werden.[39]

Zu den erwähnten quantitativen Kriterien stellen die qualitativen Faktoren wie die Wirkung von Kommunikationsmedien, Mitarbeiterbefragungen zu den

---

[37] Vgl. o.V. (o. J. a).
[38] Vgl. Meifert, M. (2001), S. 11.
[39] Vgl. Felser, G. (2010), S. 11.

Gründen für einen Wechsel des Arbeitgebers und Studien über die Beliebtheit eines Arbeitgebers wertvolle Informationen für das Personalmanagement dar.[40] Eine Teilnahme der Unternehmen an sogenannten Personal-Awards hilft beim Recruitingerfolg, denn viele Bewerber lassen sich durch diese Preise positiv beeinflussen.[41]

Der Grad der Bekanntheit einer Arbeitgebermarke lässt sich über sogenannte Recalltests oder Recognitionstests messen. Beim Recalltest werden die Teilnehmer gefragt welche Arbeitgeber ihnen spontan einfallen und beim Recognitionstest sollen die Teilnehmer aus einer verfügbaren Liste ankreuzen welchen Arbeitgeber sie kennen.[42]

Die Arbeitgebermarke muss nachhaltig aufgebaut und konsequent weiter betrieben werden. Nur mit Durchhaltevermögen sowie der Treue zur inhaltlichen Linie kann die Nachhaltigkeit der Arbeitgebermarke erreicht werden.[43]

Selbst wenn die Employer Branding Strategie noch so gut konzipiert ist, nützt sich nichts, wenn von der Employer Value Proposition abgewichen wird. Aus diesem Grund ist die Schaffung und Aufrechthaltung der Arbeitgebermarke als ein Element der nachhaltigen Unternehmensführung zu verstehen. Nur so kann das Unternehmen am Markt mit ausreichend qualifiziertem Personal besteh-en.[44]

---

[40] Vgl. Trost, A. (2009), S. 70 f.
[41] Vgl. Bollwitt, B. (2012), S. 113.
[42] Vgl. Petkovic, M (2008), S. 213 f.
[43] Vgl. Trost, A. (2009), S. 70.
[44] Vgl. o.V. (o. J. a).

4 Social Media als Werkzeug für das Personalrecruiting

Der klassische und zeitaufwendige Weg bei der Personalsuche hat sich in den letzten Jahren sehr gewandelt. Früher gab es Stellenanzeigen ausschließlich in der Papierform. Diese werden heutzutage immer mehr digitalisiert, so können Unternehmen schnell und ortsunabhängig potenzielle Bewerber erreichen. Die Generation Y mit den Jahrgängen 1980 bis 1989 ist mit der höheren Mobilität sowie dem Web 2.0 aufgewachsen.

Das Web 2.0 steht dabei für die Werte wie Motivation, Führung und Flexibilität. Diese sind in konservativen Unternehmen in der Regel bisher nicht zu finden.[45] Des Weiteren steht es für die neue Nutzergeneration, die nicht mehr nur passiv Informationen aufnimmt, sondern aktiv Inhalte für das Internet produziert, pflegt und verbreitet.[46]

Es ist dabei eher als Informations- und Kommunikationstechnik zu verstehen. Auf dieser Grundlage konnte sich Social Media erst entwickeln.[47]

Unter Social Media werden soziale Netzwerke verstanden, die als Plattform zum gegenseitigen Austausch von Meinungen, Eindrücken und Erfahrungen dienen. Hierbei handelt es sich um die Onlinezusammenarbeit von Netzwerken, Blogs und Videos. Dazu zählt auch das „User Generated Content", also Web-Inhalte, die von den Benutzern erstellt und geteilt werden.

Dies macht aus dem bisher passiven und konsumorientierten Web eine Plattform zur aktiven Teilnahme. Social Media basiert auf den Technologien des Web 2.0, wodurch eine Reihe interaktiver Elemente entstanden sind. Der Begriff „Mitmach-Web" beschreibt es treffend, denn die neuen Plattformen ermöglichen die Erstellung und den Austausch von gemeinsamen Inhalten (Text, Video, Audio)."[48]

Die nachfolgende Abbildung 3 zeigt die Entwicklung und Innovation im Bereich der Personalbeschaffung. Innerhalb der Jahre wurde eine größere Reichweite der Zielgruppen erreicht und später die direkte gezielte Ansprache.

---

[45] Vgl. Kürn, H. (2009), S. 153.

[46] Vgl. Scholz, C. (2011), S. 195

[47] Vgl. Bauer,C./Frings, K./Harschke,J (2011), S. 4.

[48] Vgl. Hilker, C. (2010), S. 11.

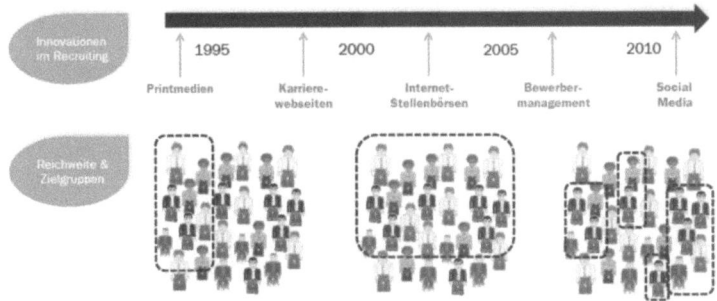

Abbildung 3: Transformation des Recruitings
Entnommen aus: Weitzel,T. et al. (2012 b), S. 7.

Die klassischen Recruitinginstrumente wie beispielsweise Printmedien, Stellenbörsen im Internet und Karrierewebseiten werden jedoch nicht automatisch vom Web 2.0 verdrängt.[49]

Die Internetstellenbörse ist für Stellensuchende und Karriereinteressierte weiterhin ein wichtiger Kanal zur Suche nach offenen Stellen und potenziellen Arbeitgebern.[50]

4.1 Social Media Einstieg

Ein Unternehmen sollte darauf fokussiert sein, die Aufmerksamkeit seiner Zielgruppe zu erreichen. Dieses kann es natürlich im Internet am besten und dazu bieten sich Social Media Plattformen an. Das Unternehmen muss dafür wissen, welche Zielgruppen sich auf welchen Plattformen bewegen. Dann können sie beobachten über welche Themen die Zielgruppen auf den Social Media Seiten diskutieren und was sie derzeit bewegt. Im Anschluss kann das Unternehmen seine Mitteilung den Bedürfnissen der Zielgruppe anpassen sowie einen Dialog aufbauen. in diesem kann das Unternehmen auf die Fragen und Anmerkungen der Zielgruppe eingehen sowie sie umfassend informieren. Das Unternehmen wird auf diese Weise von der Zielgruppe wahrgenommen, welche sich möglicherweise auf vakante Positionen im Unternehmen bewirbt. Die eben beschriebene Kommunikationsstrategie folgt einem Kreislauf der auch als FACE-Konzept bekannt ist (vergleiche dazu Abbildung 4).[51]

---

[49] Vgl. Bollwitt, B. (2012), S. 71.

[50] Vgl. Weitzel,T. et al. (2012 a), S. 29.

[51] Vgl. Grohe, M (2011), S. 111.

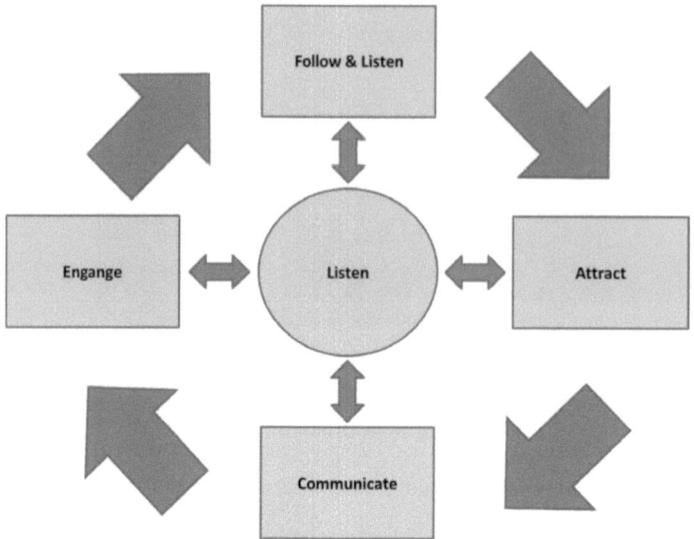

Abbildung 4: F-A-C-E-Konzept
Selbst erstellt. In Anlehnung an: Bernauer, D. (2011), S. 116.

Die Wege und Orte der Recruiting-Elemente sind im Rahmen der Personalbeschaffung zielgruppenorientiert auszuwählen.[52] Die Wahl der Plattform ergibt sich fast automatisch durch die Festlegung einer klaren Zielsetzung und der Identifizierung der Dialogpartner.[53] Die von den potenziellen Bewerbern bevorzugten Kanäle sollten die Recruiter kennen. So kann gemäß der Grundidee aus dem Produktmarketing „Kenne deine Kunden und richte die Kommunikation nach ihnen aus" mehr über die Kandidaten auf den einzelnen Plattformen erfahren werden.[54] Facebook, XING Video- und Bewertungsportale stehen dabei bei den Kandidaten hoch in der Gunst.[55]

Sollte ein Unternehmen auf diesen Anwendungen geschickt agieren und sich dabei Querverweisen bedienen, so kann sich der Auftritt zu einer Reputationsmaschine entwickeln indem das Unternehmen selbst im Mittelpunkt steht und unmittelbar davon profitiert.[56]

---

[52] Vgl. Scholz, C. (2011), S. 178.

[53] Vgl. Wohlfahrt, E. (2010), S. 138.

[54] Vgl. Weitzel, E. et al., (2012 b), S. 22.

[55] Vgl. Bauer, C./Frings, K./Harschke, J. (2011), S. 62.

[56] Vgl. Eck, K. (2010), S. 367.

4.2 Plattformen

Soziale Medien spielen zur Kontaktaufnahme mit potenziellen Nachwuchskräften eine wichtige Rolle. Daher werden im Folgenden die derzeit größten und relevantesten Netzwerke ihrer Art, XING, Facebook, LinkedIn vorgestellt. Die Plattformen fungieren im geschäftlichen und privaten Bereich mit unterschiedlichen Schwerpunkten.

4.2.1 XING

Das mit Abstand bekannteste und auch das deutlich meist genutzte Netzwerk im Online-Business in Deutschland, Österreich und der Schweiz ist XING. Dieses Ergebnis liefert eine Studie von Fittkau & Maaß Consulting. Im Herbst 2011 wurden 100.000 Internetnutzer zu ihren Nutzungsgewohnheiten im Social Web befragt. Von den befragten gaben 25% an XING-Mitglied zu sein.[57]

Die Plattform XING ist mit momentan 16 Sprachen länderübergreifend angelegt wobei allerdings der Großteil der Nutzer aus dem deutschsprachigen Raum stammt.[58]

Das Durchschnittsalter der Online-Nutzer liegt bei 39 Jahren. Aus den deutschsprachigen Ländern haben 50% der Mitglieder die Hochschulreife oder einen Hochschulabschluss. 41% der Mitglieder verfügen über ein Haushaltsnettoeinkommen das 3.000 € übersteigt.[59]

Zur Auswahl stehen momentan eine kostenfreie Basismitgliedschaft und eine Premiummitgliedschaft. Die Premiummitgliedschaft kostet momentan 7,95 € bei einer Laufzeit von 3 Monaten und 6,35 € bei einer Laufzeit von 12 Monaten. Die Mitgliedschaften unterscheiden sich insbesondere in Such-, Kontakt-, Zugriffsfunktionen. Die Preise lassen sich nur durch die Erstellung eines Accounts ausfindig machen.

Eine weitere Funktion die zusätzlich zur Premiummitgliedschaft gebucht werden kann ist die ProJobs-Funktion. Für die monatlichen Kosten von 19,95 € für 3 Monate, 17,45 € für 6 Monate, 14,95 für 12 Monate oder 12,45 € für 18 Monate Laufzeit, verspricht das Unternehmen eine bessere Sichtbarkeit des eigenen Profils bei Top-Recruitern, einen exklusiven Zugang zu diversen Jobs mit einem

---

[57] Vgl. Lutz,A. /Rumohr, J. (2013), S. 165.
[58] Vgl. Ferdossov, A/Kirchner, J. (2009), S. 13.
[59] Vgl. Lutz,A. /Rumohr, J. (2013), S. 165.

Jahresgehalt von über 50.000 €. Die Premiummitgliedschaft ist in diesem Paket enthalten und muss nicht dazu gebucht werden.

Ab Oktober 2009 wurde die Recruitermitgliedschaft eingeführt. Der Preis für die Premiumfunktionen belief sich auf 29,95 € im Monat.[60]

Der Recruiteraccount ist mittlerweile nicht mehr buchbar. Seit der Einführung des XING-Talentmanagers kurz auch XTM wurde diese Möglichkeit der Mitgliedschaft abgeschafft. Die Recruitermitgliedschaft hatte die Vorteile der vollen Suchfunktion. Es konnten 75 Nachrichten pro Tag an Nicht-Kontakte versenden und 50 Suchagenten gespeichert werden. Die Vorteile der normalen Premiummitgliedschaft waren ebenfalls inbegriffen.[61]

Der XTM wurde im September 2012 ins Leben gerufen. Der Account kostet derzeit 29,88 € im Jahr und beinhaltet folgende Vorteile:

- Versand von Nachrichten an Nicht-Kontakte: 1.020 St. / Monat. (1000 durch XTM und 20 durch die Premium-Mitgliedschaft)
- Alle Vorteile der alten Recruiting Mitgliedschaft
- Einordnung von Kandidaten in Projekten
- Dies kann mit einem Status versehen werden
- Die Möglichkeit zum Teilen mit dem Team
- Zusammenarbeit im Team möglich
- Einblick in den Kandidatenstatus, Notizen- und Nachrichtenverlauf anderer Teammitglieder
- Anonymisierte Ansicht von Kandidatenprofilen[62]

Aktive Kandidatensuche

Alle von den Mitgliedern im Profil zur Verfügung gestellten Informationen wie zum Beispiel die Ausbildung, die Berufserfahrung und die persönlichen Interessen stehen den Mitgliedern mit Premiumzugang uneingeschränkt zur Verfügung. Die Kontaktliste, falls nicht gesperrt, kann ebenfalls von den Premiummitgliedern angesehen werden. Mit abgeschlossener Premiummitgliedschaft kann jedes Mitglied angeschrieben, einem anderen Mitglied vorgestellt oder als Kontakt hinzugefügt werden. Des Weiteren gibt es regelmäßige Profilupdates wie zum

---

[60] Vgl. Zehner, I. (2010), S. 8.

[61] Vgl. Besch, M. (2013).

[62] Vgl. ebd.

Beispiel im Juni 2009 die Option Arbeitsproben, Zeugnisse und Lebensläufe ins Profil einstellen zu können.

Innerhalb der Referenzen auf dem Profil können diese den einzelnen Stationen der Kariere zugeordnet werden.

Die Suchfunktion

Die Suchfunktion ist auf der Homepage oben rechts verankert (vergleiche dazu Abbildung 5).

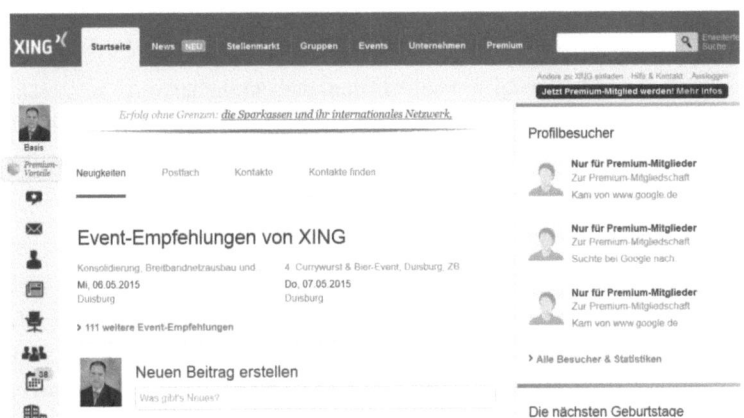

Abbildung 5: Startseite Xing-Account
entnommen aus: https://www.xing.com/ Stand: 15.02.2015, 13:40 Uhr

Mit Hilfe der Suchfunktion können Mitgliederprofile auf verschiedene Art und Weise untersucht werden. Neben der einfachen Recherche können unter der Einhaltung von relevanten Regeln auch exakte Suchphrasen sowie Ausschlusskombinationen angewendet werden.[63]

Eine genaue Anleitung zur einfachen und Erweiterten Suche ist unter der Seite "https://www.xing.com/help/hilfe-fragen-und-antworten-2/startseite-grundfunktionen-53/suche-61" abgelegt.

Bei der erweiterten Suche kann gezielt nach Mitgliedern, Unternehmen, Jobs oder Events suchen. In jeder dieser Suchmasken sind andere Suchkriterien speziell auf die erweiterte Suche zugeschnitten.

---

[63] Vgl. Zehner, I. (2010), S. 8 f.

Externe Kandidatensuche

Aktuell sind ca. 50% der Profile von XING öffentlich zugänglich. Es kann mithilfe einer Suchmaschine wie Google, Bing oder Yahoo ohne eine erforderliche Registrierung recherchiert werden.[64]

Um die Suchmaschinen zu nutzt ein Unternehmen die Operatoren, mithilfe derer XING-Profile mit den gesuchten Bezeichnungen aufgerufen werden.

Sucht ein Unternehmen zum Beispiel nach einem Marketingfachmann aus Stuttgart, so wird in der Suchmaschine Google folgendes eingegeben:

Site:xing.com inurl:profile intext:Marketingfachmann AND Stuttgart

Das Suchergebnis erhält eine Liste von Profilen, die möglicherweise interessant sein könnten. Weitere Möglichkeiten über die Suche bei Google sind mit Eingabe von Operatoren möglich. Im folgenden Beispiel enthält die Ergebnisliste Beiträge und Ergebnisse die ein Benutzer angelegt hat:

Site:xing.com inurl:forum intext:"Vorname Name"[65]

Die nicht erforderliche Registrierung sowie die Tatsache dass der Besuch nicht durch den XING Nutzer gesehen werden kann können Vorteile darstellen. Im Gegensatz zur Such auf der Plattform selbst, werden hierbei auch Beiträge angezeigt die älter als 6 Monate sind. Als Nachteil ist es nicht außer Acht zu lassen, dass über diese Methode keine Mitglieder kontaktiert werden können.[66]

Jobangebote

Der Stellenmarkt ist das bedeutsamste Element der Personalsuche auf XING. Ein Interessent kann den hinter einer Vakanz bestehenden Personalverantwortlichen direkt kontaktieren. Infolge dieser Kontaktaufnahme hat der Recruiter direkten Zugriff auf das Profil des Bewerbers. Sollte das Profil nahezu vollständig sein, so kann sich eine schriftliche Bewerbung erübrigen. Der Zeitgewinn kann dadurch erheblich sein.[67]

Aktuell kann zwischen drei Modellen für den Stellenmarkt gewählt werden (vergleiche dazu Abbildung 6).

---

[64] Vgl. ebd., S. 9.
[65] Vgl. Schneider, S. (2012), S. 45.
[66] Vgl. Zehner, I. (2010), S. 9.
[67] Vgl. ebd., S. 10.

Abbildung 6: Stellenanzeigen XING
entnommen aus: https://www.xing.com/jobs/products/Stand: 15.02.2015, 14:20 Uhr

Ein Pluspunkt ist, dass auch interessante Kandidaten, die nicht aktiv auf der Suche sind, durch XING auf die Jobangebote aufmerksam gemacht werden. Dies bedeutet bei der Personalsuche einen deutlichen Reichweitenvorteil gegenüber traditionellen Stellenbörsen.[68]

Employer Branding

XING bietet die Möglichkeit im Rahmen des Employer Brandings die Arbeitgebermarke über die Einbindung in Gruppen, die Nutzung des eigenen Profils und einem Unternehmensprofil zu präsentieren und zu stärken.

Gruppen

Die Gründung einer Gruppe erfolgt ganz einfach indem der Reiter Gruppen (vergleiche Abbildung 5) angewählt wird und im nächsten Fenster der Button Gruppe Gründen gedrückt wird.

Die Gründung und Leitung einer Gruppe erfüllt zugleich mehrere Ziele. Zum einem signalisiert das Unternehmen die aktive Beteiligung am Web 2.0 und zum anderen die Bereitschaft des offenen Austausches. Die Diskussionsbeiträge in den Gruppen offenbaren die aktuellen Themen der Branche und im Rahmen von Beiträgen und Diskussionen können wiederum potenzielle Mitarbeiter gefunden werden.[69]

Nutzung des eigenen Profils

Das eigene Profil kann für Kandidatenansprachen durch die Rubriken „ich suche" beziehungsweise „ich biete" genutzt werden. Da Vakanzen von Interessanten über die erweiterte Suche recherchiert werden können, ist die bewusste Wahl

---

[68] Vgl. ebd., S. 10.
[69] Vgl. ebd., S. 10 f.

der Schlüsselwörter zu beachten. Gerade im Rahmen des viralen Recruitings ist es auch möglich einen Hinweis über offene Stelle mit einer Nachricht über die Statusmeldung zu veröffentlichen. Diese werden dem direkten Netzwerk der eigenen Kontakte angezeigt.[70]

Unternehmensprofil

Das Employer Branding kann durch die eigene Unternehmensseite auf XING umfassend unterstützt werden. Dieses Profil wird automatisch erstellt sobald mindestens fünf Mitarbeiter des Unternehmens auf XING angemeldet sind. Seit 2009 können Unternehmen das Profil käuflich erwerben und es so individualisieren.[71]

Das Profil kostet 395 € pro Monat und einige wesentliche Vorteile gegenüber dem automatisch erstellten und kostenlosen Unternehmensprofil.

Das Unternehmen kann ausführliche Informationen über sich als Arbeitgeber, inklusive des Firmenlogos, auf das Profil setzen. Ebenso können Videos, Bilder, Präsentation sowie Ansprechpartner für Bewerber und Informationen über die Vakanzen eingebunden werden. XING schaltet Werbung für das Unternehmen auf Mitbewerber-Profilen.[72]

Fazit

Das populärste und meistgenutzte Netzwerk im deutschsprachigen Raum ist XING. Auf dieser Plattform gibt es diverse Anwendungen, die Recruiter zur Mitarbeitergewinnung einzeln als auch in Kombination einsetzen können. Die hohe Anzahl der Mitglieder resultiert aus der hohen Akzeptanz aller Branchen und des geschäftlichen Kontextes dieser Plattform. Aufgrund dessen ist sie zur Mitarbeitersuche prädestiniert. Im Vorfeld gilt es abzuwiegen welche Kandidaten wie erreicht werden können. Daraus lassen sich die wesentlichen Tools zur Suche und Ansprache identifizieren.[73]

---

[70] Vgl. ebd., S. 11.

[71] Vgl. ebd.

[72] Vgl. XING (o. J.).

[73] Vgl. ebd., S. 11 f.

4.2.2 LinkedIn

Nicht nur XING, sondern auch LinkedIn wurde im Jahr 2003 gegründet. Mit mehr als 300 Millionen Mitgliedern weltweit aus über 200 Ländern. Somit stellt LinkedIn das größte internationale Netzwerk im beruflichen Kontext dar.[74] Die Abbildung 7 zeigt die deutliche Zunahme der Mitgliederzahlen auf dieser Plattform an.

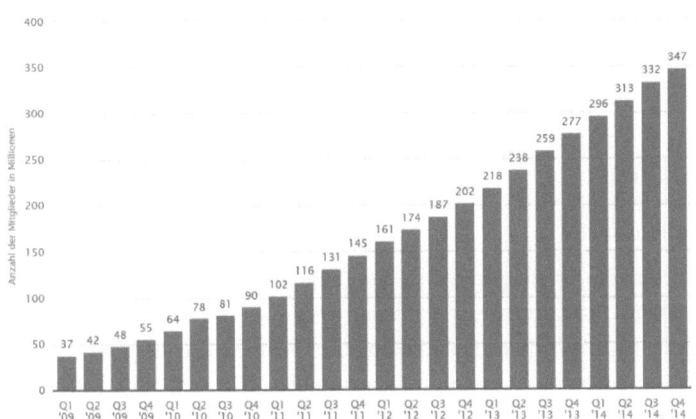

Abbildung 7: Mitgliederzahlen LinkedIn
entnommen aus: http://de.statista.com/statistik/daten/studie/198224/umfrage/anzahl-der-mitglieder-von-linkedin quartalszahlen/ Stand: 15.02.2015, 13.15 Uhr

Aus der Umfrage von Fittkau & Maaß Consulting, die bereits im Bereich XING angesprochen wurde, geht hervor, dass 9 % der 100.000 befragten einen Account bei LinkedIn besitzen.[75]

Anfang 2009 wurde die deutschsprachige Version der Webseite eingeführt. Das Ziel der Einführung war es, die Mitgliederzahlen im deutschsprachigen Raum von damals 500.000 zu verdoppeln.[76]

Mittlerweile spielt LinkedIn neben XING eine wichtige Rolle in Sachen Business-Netzwerke. Daher werden im Folgenden auch analog zu XING die wichtigsten Funktionen und Anwendungen vorgestellt. Die Plattform LinkedIn ähnelt

---

[74] Vgl. LinkedIn (o.J. a).
[75] Vgl. Lutz, A. Rumohr, J. (2013), S. 165.
[76] Vgl. Hoffmann, A. (2009).

sich im Wesentlichen mit XING, allerdings sind die Lösungen für den Personalbereich von LinkedIn deutlich ausgereifter und umfassender.

Die Mitgliedschaften bei LinkedIn unterscheiden sich durch ein kostenfreies Konto, auch als Standartmitgliedschaft bezeichnet, eine Premium-Mitgliedschaft und einem Recruiterzugang. Der Premiumzugang kostet 21,99 € im Monat. Die vergünstigte jährliche Zahlung für den Recruiteraccount beläuft sich auf 899,40 € im Jahr. Die monatliche Zahlung beläuft sich auf 89,95 € im Monat. Die Unterscheidung ist ähnlich wie bei XING. Bei der Standartmitgliedschaft besteht eine eingeschränkte Kontakt- und Zugriffsfunktion.[77]

LinkedIn bietet im Rahmen der passiven Personalbeschaffung einen umfangreichen Stellenmarkt sowie für Unternehmen die Möglichkeiten spezifische Karriereseiten zu veröffentlichen.[78]

Aktive Kandidatensuche

Die Plattform LinkedIn ist hauptsächlich für zahlende Mitglieder, also als kostenpflichtiger Dienst konzipiert. Es ist zwar möglich eine Standardmitgliedschaft abzuschließen, aber die Einschränkung zur Kontaktaufnahme zu anderen Nutzern ist extrem hoch. So kann ein Standartmitglied höchstens durch Vorstellungsanfragen an einen Kontakt Zugriff auf Kontakte dritten Grades erlangen. Alle weiteren Profile sind über die interne Suche gesperrt.[79]

Bei dem Upgrade zur Premiummitgliedschaft besteht genau wie bei XING, die uneingeschränkte Zugriffsmöglichkeit auf alle Profile und deren Inhalte.

Die Suchfunktion

Auf LinkedIn steht für die Mitgliederrecherche die einfache Stichwortsuche und eine erweiterte Suche zur Verfügung (vergleiche dazu Abbildung 8). Für erstere ist auf der Seite in der Mitte das Suchfeld platziert. Die Stichwortsuche kann auf die Bereiche Personen, Stellenmarkt, Unternehmen, Gruppe, Hochschulen, Beiträge oder Posteingang einschränkt werden. Rechts daneben kann die erweiterte Suche ausgewählt werden. Sie besteht aus mehreren Suchmasken. Die Personensuche unterstützt neben der Recherche von einzelnen Suchbegriffen auch die Möglichkeit Suchkriterien zu kombinieren und Operatoren einzusetzen. Hierbei

---

[77] Vgl. (LinkedIn (o.J. b).

[78] Vgl. Zehner, I. (2010), 12 f.

[79] Vgl. Ferdossov, A./Kirchner, J. (2009), S. 111.

muss aber beachtet werden, dass die Suche mit der Anzahl an Operatoren und eingesetzten Suchbegriffen zwar präziser wird, aber dabei auch die Gefahr besteht dass relevante Personen aus der Suche ausgeschlossen werden.

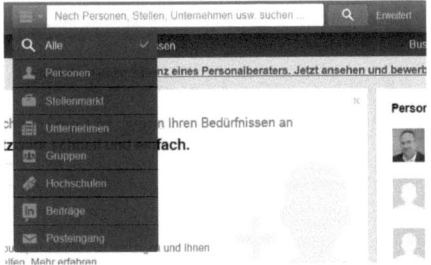

Abbildung 8: Suchfunktion LinkedIn
entnommen aus: https://www.linkedin.com/ Stand: 15.02.2015, 15:15 Uhr

Externe Kandidatensuche

Analog zu XING ist es auch auf dieser Plattform möglich die Profile über eine externe Suchmaschine wie Google, Bing oder Yahoo zu suchen. Sofern das LinkedIn-Mitglied dies nicht explizit in den Einstellungen ausgeschlossen hat. Anders als bei XING können die Benutzer selbst entscheiden welche Detailinformationen sie über ihre Profile öffentlich zugänglich machen. So unterscheidet sich natürlich der Informationsgehalt der verschiedenen Profile erheblich voneinander. Genau wie bei XING können über die Suchmaschinen ebenfalls Artikel aus den Gruppen oder Beiträge aus dem Bereich „Fragen & Antworten" gesucht werden.

Jobangebote

Das wesentliche Element für die aktive Personalbeschaffung ist der Stellenmarkt.

Eine Stellenanzeigen bei LinkedIn kostet im Moment für Deutschland, Österreich und die Schweiz 139,95 €. Andere Länder haben abweichende Preise. Ein Unternehmen kann auch Stellenanzeigen in Paketen kaufen. So liegt der Stückpreis für eine Stellenanzeige beim Kauf von fünf bei 110,95 € und der Stückpreis beim Kauf von 10 bei 89,95 € (vergleiche dazu Abbildung 9). Das Unternehmen hat dann ein Jahr lang Zeit sie zu schalten.[80]

---

[80] Vgl. Koß, S. (2014).

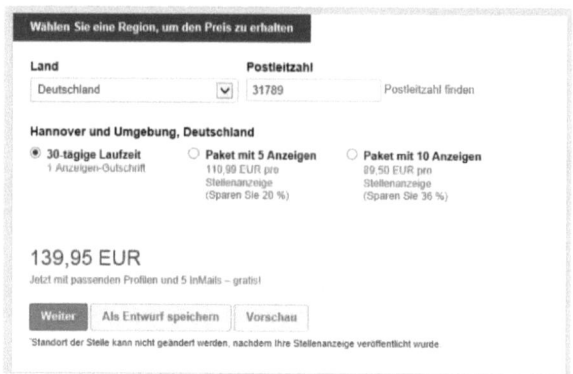

Abbildung 9: Aktuelle Preise für eine Stellenanzeige bei LinkedIn
entnommen aus: https://linkedinsiders.wordpress.com/tag/recruiting/ Stand: 15.02.2015, 16:15 Uhr

Die Umsetzung der Stellenanzeige erfolgt in wenigen einfachen Schritten. Nachdem im Bereich des Stellenmarktes der Button „Stellenanzeige aufgegeben" betätigt wurde (vergleiche dazu Abbildung 10), öffnet sich ein Fenster, in dem die Stellenanzeige ausgefüllt werden kann. Das hinterlegte Unternehmensprofil wird mittels einer Suche als erstes eingefügt. Anschließend wird das Unternehmen in einem Textfeld beschrieben und in einer Branche zugeordnet. Danach werden die Details zur Stelle eingetragen. Hierbei ist darauf zu achten, dass die Stellenbeschreibung möglichst genau ist, denn schließlich ist sie der Mittelpunkt einer Stellenanzeige. Zum Schluss kann noch angeben werden, wie sich die Kandidaten bewerben können und ob das eigene Profil mit der Stelle verknüpft werden soll.

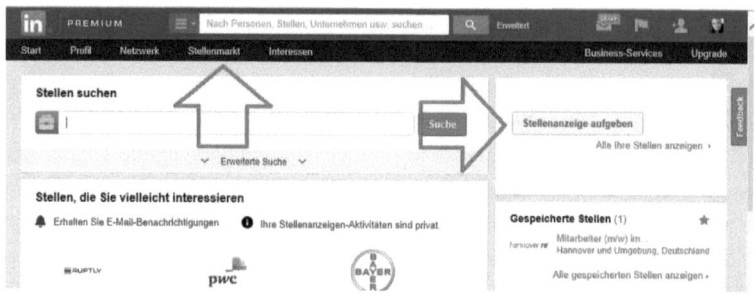

Abbildung 10: LinkedIn Stellenanzeige erstellen
entnommen aus: https://linkedinsiders.wordpress.com/tag/recruiting/ Stand: 15.02.2015, 16:20 Uhr

Employer Branding

Für zielgerichtete Ansprachen an potenzielle Mitarbeiter bietet LinkedIn ebenfalls mehrere Tools an. Neben der Veröffentlichung von Unternehmensprofilen und der Beteiligung in Gruppen bietet LinkedIn im Gegensatz zu XING auch das Schalten von sogenannten Recruiting-Anzeigen an. Diese werden den potenziellen Mitgliedern auf ihrer Profilseite angezeigt. So erhalten passende Kandidaten direkt für sie relevante Karriereinformationen ohne die Profilstartseite verlassen zu haben. Die Wahrnehmung dieser Anzeigen ist in der Regel höher als bei der Veröffentlichung von Stellenanzeigen im Stellenmarkt.

Gruppen

Die Einrichtung einer Gruppe ist auf LinkedIn sehr einfach. Dies geschieht über den Pfad *"Interesse → Gruppen → Gruppe gründen"*. Es öffnet sich ein neues Fenster. Durch die Eingabe von ein paar weiteren Daten wird die Gruppe gegründet. Im Vorfeld sollte aber darauf geachtet werden dass die anzulegende Gruppe nicht schon bereits besteht.

Unternehmensprofil

Genau wie bei XING kann auch auf der Plattform LinkedIn ein Unternehmensprofil erworben und anschließend individualisiert werden. Auf der Plattform LinkedIn heißen diese Seiten "Carrer Pages". Auf dem Unternehmensprofil können Informationen zu dem Unternehmen veröffentlicht werden. Mitarbeiter können mit ihren Profilen zum Unternehmen hinzugefügt werden. Das Unternehmensprofil hilft dabei Einblicke ins Unternehmen zu geben, das Recruiting-Team und Mitarbeiter aus dem Unternehmen vorzustellen, sowie auf vakante Stellen hinzuweisen. Zusätzlich können Videos, Podcasts und Verlinkungen zu relevanten Webseiten eingestellt werden. Dadurch wird das Unternehmensbild abgerundet.

Fazit

Zusammenfassend kann gesagt werden, dass die Plattform LinkedIn eine Vielzahl von Anwendungen bietet die die Personalsuche erleichtern und die Arbeitgebermarke stärken können. Die Recruitermitgliedschaft geht auf die umfangreichen Bedürfnisse des Personalmanagements ein. Dieser zentrale Zugriff unterstützt die Zusammenarbeit von Teams und kann unabhängig vom Standort der Einzelnen von allen Verantwortlichen im Unternehmen eingesehen und bearbeitet werden.

International gesehen spricht die Größe des Netzwerkes für sich. Diese überdurchschnittliche Anzahl an Mitgliedern steht für eine umfangreiche Erreichbarkeit der wesentlichen Kandidaten. National gesehen erhöht sich die Relevanz dieser Plattform immer weiter. Dies wird vor allem durch die stetig steigende Anzahl an deutschen Mitgliedern und Unternehmen deutlich. Auch wenn die Plattform in Bezug auf Kontakte und Gruppen noch nicht den Aktivitätsgrad von XING erreicht hat, wird die Bedeutung dieser Plattform in den kommenden Jahren weiter steigen.

4.2.3 Facebook

Facebook wurde im Jahr 2004 von Mark Zuckerberg und drei weiteren Studenten gegründet. Die Plattform wurde zunächst nur für die interne Verwendung entwickelt und wurde im Laufe der Zeit Stück für Stück freigegeben.[81]

Im Mai 2014 waren laut Statista 28 Millionen deutsche Nutzer bei Facebook aktiv.[82] Dies übertrifft bei weitem die Anzahl der Mitglieder auf XING. Der kostenfreie Dienst steht in mehr als 75 Sprachen zur Verfügung. Mittlerweile ist es das größte internationale Netzwerk für den privaten Bereich. Der wesentliche Unter-schied liegt im Grad der persönlichen Einbindung. Während XING und LinkedIn vorwiegend im beruflichen Kontext Einsatz finden, animiert Facebook mit seiner Vielfalt an Anwendungen dazu, dass der Nutzer sein ganzes Leben abbilden kann und die ganze Welt daran teilnehmen kann.[83]

Aktive Kandidatensuche

Aktuell ist die Kandidatensuche auf Facebook fast ergebnislos. Die meisten der Profile bieten kaum brauchbare Informationen zum beruflichen Werdegang. Allerdings können über bereits namentlich bekannte Personen interessante Informationen geliefert werden Viele Profile enthalten Informationen zu besuchten Bildungseinrichtungen und den erworbenen Abschlüssen. Vorausgesetzt sie sind öffentlich zugänglich. Auf Facebook kann der Nutzer bis ins kleinste Detail selbst entscheiden, welche Informationen er veröffentlicht. Im Extremfall hat nur der Profilinhaber und Facebook Zugriff auf seine Daten.[84]

---

[81] Vgl. Zehner, I. (2010), S.16.
[82] Vgl. Hutter, T. (2014).
[83] Vgl. Zehner, I. (2010), S. 16.
[84] Vgl. ebd., S. 18.

Die Suchfunktion

Die Eingabezeile der Suche ist direkt im oberen Bereich der Homepage angesiedelt (vergleiche dazu Abbildung 11). In dieser können Suchbegriffe wie beispielsweise Mailadressen, Namen von Personen oder Unternehmen, Seiten, Gruppen, Anwendungen, Veranstaltungen und Beiträge gesucht werden. Mit Hilfe des nach der Suche erscheinenden Menüs auf der linken Seite, können die Suchvorgänge gefiltert werden. Durch die Auswahl einer Kategorie werden schließlich nur die relevanten Ergebnisse angezeigt. Seit September 2009 hat Facebook die Erweiterte Suche abgeschafft. Dies mach es praktisch nahezu unmöglich Profile auf dieser Plattform nach gezielten Kriterien zu durchsuchen.[85]

Externe Kandidatensuche

Über Suchmaschinen führt die Recherche nach Mitgliedsprofilen und berufsbezogenen Details nur geringfügig zum Erfolg. Die wenigsten Nutzer gestatten derzeit einen öffentlichen Zugriff auf ihr Profil. Im Gegensatz zu den meisten Profilen sind die viele der Gruppen für externe Suchmaschinen öffentlich zugänglich. Ohne eine Registrierung oder Anmeldung kann mittels Suchmaschinen wie Google, Bing und Yahoo über die Eingabe *site:de-de.facebook.com* oder *site:facebook.com inurl:group "Suchbegriff"* recherchiert werden. In der Trefferliste erscheinen dann die Gruppen inklusive der Mitglieder und aktuelle Beiträge in der Gruppe. Allerdings muss dazu gesagt werden, dass es momentan recht wenig professionelle Gruppen gibt.[86]

Jobangebote

Auf Facebook gibt es aktuell keinen vergleichbaren Stellenmarkt wie auf XING oder LinkedIn. Es bestehen allerdings einige Möglichkeiten die Vakanzen des Unternehmens zu veröffentlichen beziehungsweise zu schalten.

Auf dem Kleinanzeigenmarkt von Facebook lässt sich innerhalb von kürzester Zeit eine Anzeige erstellen. Aktuell werden dort aber fast nur Trainee-, Praktikantenstellen oder dubiose Heimarbeitsanzeigen ausgeschrieben. In diesem Zusammenhang stellt sich natürlich die Frage der Seriosität. Die Erreichbarkeit von potenziellen Nachwuchsführungskräften ist stark eingegrenzt.

---

[85] Vgl. ebd.
[86] Vgl. ebd.

Eine Methode die wesentlich zielgruppenorientierter ist, ist die Schaltung von Werbeanzeigen direkt in den Profilen der Nutzer.

Employer Branding

Wesentlich effektiver und vielfältiger als die Suche nach geeigneten Kandidaten, ist die passive Ansprache über geschalte Werbeanzeigen.

Werbeanzeigen

Als erstes muss eine Ziel-URL zur Weiterleitung bestimmt werden. Hierfür eignet sich die Karriere- oder Unternehmensseite. Da für den Titel 25 und für den Haupttext nur 135 Zeichen zur Verfügung stehen, erweist sich eine präzise Botschaft mit Handlungsaufforderung an den Adressaten als zielführend. Das Firmenlogo kann ebenfalls in die Anzeige eingebunden werden. Nach der inhaltlichen Erstellung erfolgt die Festlegung der zielgruppenspezifischen Merkmale. Darüber wird festgelegt auf welchen Mitgliederprofilen die Anzeige erscheint. Für das Recruiting sind folgende Kriterien interessant:

- Regionale Eingrenzung
- Ausbildung
- Sprache

Von der Wahl des Geschlechts und der Alterskategorie sollte im Rahmen des Allgemeinen Gleichbehandlungsgesetzes abgesehen werden. Nach Selektion eines jeden Kriteriums wird die aktuell noch zu erreichende Useranzahl angezeigt. Zum Schluss erfolgt die Budgetierung pro Tag. Desto höher der Betrag ist, desto öfter schaltet Facebook die Anzeige. Mit jedem Klick auf die Werbeanzeige fallen zusätzliche Kosten in Höhe von 1 Cent an.[87]

---

[87] Vgl. ebd., S. 19 f.

Abbildung 11: Startbildschirm
entnommen aus: https://www.facebook.com/ Stand: 15.02.2015, 17:15 Uhr

Fanpage

Die sogenannte Fanpage ist eine Seite die ähnlich wie ein Nutzerprofil aufgebaut ist und kann von einem Unternehmen als Imagegewinn genutzt werden, um die Arbeitgebermarke im Rahmen des Employer Branding zu stärken. Die Erstellung funktioniert genau so einfach wie bei der Anzeige. Die Fanpage ist kostenlos und wird schon von einigen Unternehmen im Bereich des Recruitings genutzt. Meistens sind diese Karriereseiten von der normalen Unternehmensseite abgekoppelt und werden separat erstellt. Mit diesen Karriereseiten können sie in den direkten Kontakt mit den Nachwuchsführungskräften treten und so eine eigenständige Community aufbauen. Durch Beiträge, Fotos und Videos präsentiert sich das Unternehmen authentisch und in Echtzeit der Community. Über den "Gefällt mir"-Button verankern die Mitglieder die Fanpage auf ihre Seite und zeigen so ihre Unterstützung. Sobald dies geschehen ist, taucht ein Beitrag, dass es einem der Freunde gefällt, in den Neuigkeiten der abonnierten Freunde auf. Durch dieses Schneeballsystem kann die Fanpage schnell durch die Community getragen werden.

Mit der Hilfe der Seite Jobstairs.de können Vakanzen direkt auf die Fanpage integriert werden. Mit dem Jobstriker können sogar die eigenen Mitarbeiter in den Recrutingprozess einbezogen werden. Im Sinne des viralen Recruitings verbreiten sie passende Stellenangebote über ihr persönliches Profil. Dies kann gezielt innerhalb des eigenen Netzwerkes oder über Programme wie "Mitarbeiter werben Mitarbeiter" geschehen. Hierbei kann die Seite Freunden und Bekannten empfohlen werden. Eine individuellere Ansprache von Bewerben ist kaum möglich.[88]

---

[88] Vgl. ebd., S. 20 f.

Eine Fanpage bedarf einer intensiven Pflege. Die Kommunikation muss von der Unternehmensseite nachhaltig geführt werden. Nur so können wesentliche Informationen gefiltert und negative Überraschungen vermieden werden.

Gruppen

Eine Gruppe zu Gründen ist ganz einfach. Der Button "Gruppe Gründen" kann direkt von der Startseite gewählt werden (vergleiche dazu Abbildung 11). Die einzigen Anforderungen sind ein Gruppenname, die Beschreibung und die Festlegung der Gruppenart. Die bereits erwähnten Aspekte bei Gründung einer Gruppe treffen auch auf Facebook zu und werden hier deshalb nicht noch einmal erläutert. Allerdings gibt es im Vergleich zu XING und LinkedIn bei Facebook bis dato nur wenig Gruppen mit beruflichen oder professionellen Kontext.

Fazit

Facebook liegt bezüglich seiner hohen Mitgliederzahl und deren hoher Verweildauer vor allen anderen Social Media Plattformen. Auch wenn das Hauptaugenmerk von Facebook noch auf dem Unterhaltungs- und Freizeitbereich liegt, so können doch einige parallelen festgestellt werden. Facebook bietet zwar keine exklusive Anwendung für die Personalbeschaffung, aber Unternehmen können sich hier im Bereich des Unternehmensimage und der Arbeitgebermarke gut aufstellen. So können die Unternehmen Vakanzen in Form von Werbeanzeigen schalten oder die Fanpage als Employer Branding Tool nutzen. Auf dieser Plattform liegt das Potenzial für die Unternehmen hauptsächlich darin die Marke in den persönlichen und privaten Bereich der Mitglieder zu bringen und dort zu festigen. Hier findet kein Networking im beruflichen Kontext wie bei XING oder LinkedIn statt. Die Pinnwand des Nutzers ist quasi der persönliche Livestream. Getreu dem Motto: „Was machst du gerade?". Wer nicht über einen Computer online ist, der nutzt Facebook über sein Mobilgerät unterwegs. Inhalte von Webseiten können im Profil verankert oder mit anderen Nutzern geteilt werden. Die ganzheitliche Vernetzung, die es so in keinem anderen Netzwerk gibt liefert in seiner Präzision ein kaum zu übertreffendes Targeting. Jedoch erfordert dies auch eine enorme Aktivitätsbereitschaft. Die Unterhaltung einer Fanpage Bedarf bestenfalls tägliche Pflege und die Bereitschaft zukünftig innovative und ungewöhnliche Wege zu gehen. Im Rahmen einer langfristigen Social Media Strategie im Unternehmen führt an Facebook kein Weg vorbei.

4.3 Rechtliche Herausforderungen

Das Web 2.0 bietet mit seinen Instrumenten nicht nur die Möglichkeiten die Zielgruppen differenziert anzusprechen, sondern muss hinsichtlich des rechtlichen Rahmens ebenfalls differenziert betrachtet werden. Während die jüngeren Generationen (Y und Z) auf Social Media Plattformen mit ihren Daten freizügig sind, sieht die ältere Generation X dabei eine Verletzung in ihrer Privatsphäre.[89]

Während die Generation Y die neuen Medien als Chane und Schlüssel für eine bessere Welt begreift, ist sich die Generation X den Gefahren wie Datenklau, dem Menschen aus Glas und den Kameras von Google Earth deutlich bewusst.[90]

Da für Social-Media-Anwendungen bisher kein eigenes Recht existiert, besteht die rechtliche Herausforderung für die Unternehmen, darin die einschlägigen Rechtsvorschriften wie beispielsweise das Datenschutzrecht, das Urheberrecht, das Telemediengesetz und das Arbeitsrecht zu beachten. Außerdem müssen alle Teilnehmer für dieses Themenfeld sensibilisiert werden. Mögliche Risiken bei Verstößen im Umgang mit Social Media können sein:

- Abmahnungen.
- Geldbußen.
- Schadensersatzansprüche.
- Imageschäden.
- Sperrung oder Abschaltung eines Social Media Kanals (durch den Plattformbetreiber).[91]

4.4 Guidelines

Die Mitarbeiter des Unternehmens und gleichzeitige Nutzer von Social Media sollten nicht als Mitarbeiter wahrgenommen werden, die ständig das Interesse des Unternehmens vertreten. So sollten ihre Kommentare und Äußerungen klar gekennzeichnet sein, damit diese als persönlicher Beitrag zu verstehen sind. Um dies zusätzlich zu verdeutlichen, sollten auch keine Unternehmensinterne Informationen in den Profilen der Mitarbeiter verwendet werden.[92]

---

[89] Vgl. Weinberg, T. (2011), S. 169.
[90] Vgl. Bösenberg, C/Küppers, B. (2011), S. 31.
[91] Vgl. Sonntag, J. (2014), S. 44.
[92] Vgl. Weinberg, T. (2011), S. 135.

Viele User, die sich aktiv auf Social Media Plattform beteiligen, haben oft das Problem, dass sie nicht zwischen dem geschäftlichen und den rein privaten Kommentaren unterscheiden können. Dies liegt daran, dass die Kommunikation sich oft in einer Zone befindet, in der sich beide Wahrnehmungen überschneiden (vergleiche dazu Abbildung 12).[93]

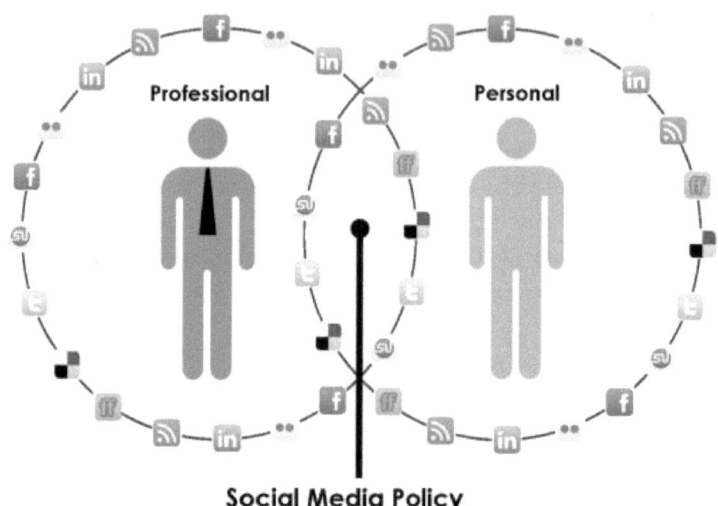

Abbildung 12: Überlappung bei Social Media Nutzung
entnommen aus: http://www.flickr.com/photos/intersectionconsulting/4412472230/ Stand: 15.02.2015, 19:15 Uhr

Es ist zwingend notwendig Richtlinien für den Umgang mit Social Media aufzustellen, damit das Verhalten in dieser Zone geregelt ist. So verhindert beziehungsweise minimiert das Unternehmen einen möglichen Imageschaden durch unbedachte Kommentare oder Inhalt von den eigenen Mitarbeitern.[94]

---

[93] Vgl. Köhler, T. R. (2011), S. 53.

[94] Vgl. ebd.

4.5 Möglichkeiten der Erfolgsmessung

Als Basis für die Erfolgsmessung dienen die Anzahl der Follower, Fans, Gruppenmitglieder und die dabei anvisierten Zielgrößen. Sobald das Netzwerk hinsichtlich der Qualität und Quantität zufriedengestellt ist kann die Bewegung von den Social Media Seiten zur Karriereseite des Unternehmens überprüft werden. Das heißt im Klartext wie viele der Follower bewerben sich wirklich und wie viele werden darüber hinaus auch eingestellt. Anschließend können auf Basis der Herkunft von Bewerben Vergleiche mit anderen Beschaffungswegen hinsichtlich Kosten und Zeit angestellt werden. Recruiting über Social Media muss trotz des Hypes monetär betrachtet werden, um schlussendlich zu bewerten welche Beschaffungskanäle bei gegebener Qualität schneller und günstiger sind.[95]

Den Return of Investment (R.O.I.) für Social Media gibt es noch nicht explizit gibt. Experten haben bis jetzt nur Ansätze, aber noch keine einheitliche Lösung erarbeitet. Im Bereich des Social Media Marketing steht der R.O.I. überwiegend für den Begriff „Return of Ignoring". Es besteht ein großes Risiko, wenn Firmen die Nutzung von Social Media ignorieren. Wenn Fragen, Kommentare und Beschwerden nicht beantwortet werden, kann dies zu einem schlechten Image führen und negativ zum Rahmen des Employer Branding beitragen.[96]

4.6 Chancen und Risiken beim Einsatz von Social Media

Mit Hilfe von Social Media kann schnell und kostengünstig ein breites Publikum und große Aufmerksamkeit erreicht werden. Das Risiko eines Kontrollverlustes, wenn die Meinungen im Internet anders als gewünscht ausfallen ist aber allgegenwertig. Das Image, in Beispiel des Recruitings ist es die Arbeitgebermarke kann durch negative Stimmen nachhaltig geschädigt werden. Beschwerden bieten allerdings auch wieder Chance Verbesserungen zu entwickeln.[97]

Die Chancen und vor allem die Risiken von Social Media sollten jedem Unternehmen bewusst sein. Sollte ein Unternehmen den Schritt zum Personalrecruiting über Social Media gehen, so bietet es sich an, andere Unternehmensbereiche ebenfalls auf Social Media zu platzieren.

Beispielsweise die Abteilungen Marketing und Vertrieb. Der folgenden Abschnitt Chancen und Risiken umfasst ebenfalls beide Bereiche.

---

[95] Vgl. o.V. (o.J. b).
[96] Vgl. Grabs, A./Bannour, K.-P. (2011), S. 48.
[97] Vgl. Hilker, C. (2012), S. 20.

4.6.1 Chancen

Das Social Media bietet eine große Chance für Unternehmen in den verschiedensten Bereichen. Im Folgenden sind die wichtigsten aufgeführt:

- Es bietet die Möglichkeit zuzuhören und loyale Kunden zu gewinnen.
- Der Bekanntheitsgrad kann erhöht werden.
- Die Reputation kann positiv gestärkt werden.
- Neue Mitarbeiter können gewonnen werden.
- Mitmach-Web steigert die Kundenzufriedenheit.
- Online kann beraten und verkauft werden.
- Die Kommunikation wird ganzheitlich vernetzt.[98]

4.6.2 Risiken

Die Risiken von Social Media sind groß und dürfen nicht außer Acht gelassen werden. Im Folgenden sind die größten Risiken aufgeführt:

- Sehr hohe Zeitkapazitäten werden beansprucht.
- Social Media hat ein erhöhtes Suchtpotenzial.
- Mitarbeiter können durch Social Media überfordert werden und neigen zum Burn Out.
- Mitarbeiter können Ängste haben auf den Plattformen zur überfordert zu sein.
- Datenschutz ist ein sehr wichtiges Thema.
- Die Kriminalität im Netz nimmt immer weiter zu.
- Im Netz kursieren viele falsche Informationen.
- Es kann zu einer negativen Reputation kommen.
- Social Media legt ein sehr hohes Tempo vor. Permanente Veränderung müssen analysiert und gelebt werden.[99]

---

[98] Vgl. ebd., S. 20.
[99] Vgl. ebd., S. 20.

5 Trends und Herausforderungen

Social Media ist mittlerweile von dem Hype „Wir machen mit, weil alle mitmachen" zu einer professionellen Methode für die Personalbeschaffung geworden. Die meisten Menschen nutzen Social Media Plattformen sogar täglich und sind in ihrem Leben permanent vernetzt. Für die Unternehmen die noch nicht am Social Media Leben teilnehmen sollte ein Umdenkprozess einsetzen.

5.1 Aktuelle Frequentierung von Social Media durch potenzielle Nachwuchsführungskräfte

Im Rahmen meiner Abschlussarbeit habe ich eine Onlineumfrage zum Nutzungsverhalten von Social Media durchgeführt. Die Umfrage wurde 137-mal gestartet und insgesamt 120-mal abgeschlossen. Das Verhältnis zwischen dem Geschlecht der Teilnehmer war mit 59 weiblichen und 61 männlichen Teilnehmern ausgeglichen. Der Mittelwert des Alters der Befragten wurde mit dem arithmetischen Mittel auf 33,44 berechnet. Dies ist wahrscheinlich auch der Grund, wieso so wenig der Befragten Social Media für den beruflichen Werdegang nutzen. Sie stammen aus der Generation X. Diese sind deutlich skeptischer gegenüber Social Media als die der Generations Y. Von 120 Befragten sind 6 bei LinkedIn (5 %) und 15 bei XING (12,5 %) angemeldet.In dieser Abbildung wird die Vormachtstellung der Mitglieder von Facebook nochmals deutlich. Der Mittelwert der Zugehörigkeitsdauer im Social Network beträgt 6,43 Jahre. Bei den Befragten ist der Trend zur beruflichen Karriere über Social Media noch nicht angekommen. Die genaue Auswertung der Umfrageergebnisse finden befindet sich im Anhang.

5.2 Social Media im Mittelstand

Bevor ein Unternehmen seine Recruitingstrategie ändert beziehungsweise einen Recruiting-Mix erstellt, muss es wissen welche Zielgruppe es erreichen will. In dieser Arbeit wird besonders Wert auf die Nachwuchsführungskräfte gelegt.

Das Unternehmen muss die Kommunikationsinstrumente auf die Präferenzen der Nachwuchsführungskräfte abstimmen. Sie haben ein sehr besonderes Mediennutzungsverhalten.[100]

---

[100] Vgl. Beck, C. (2008), S.36.

Die Zielgruppe ist mit den unterschiedlichsten Medien vernetzt, um ihre Informationsbedürfnisse zu decken. Dies führt zu einer sehr guten Erreichbarkeit der Zielgruppe.[101]

In diesem Beispiel gehen ich von einem mittelständischen Unternehmen in der Kommunikations- und Medienbranche aus.

In dieser Branche haben Studenten und Hochschulabsolventen eine Vielzahl an Möglichkeiten bei der Wahl ihres späteren Arbeitgebers. Desto wichtiger ist es für ein Unternehmen, diese Zielgruppe frühzeitig an sich zu binden.[102]

Gerade in mittelständischen Unternehmen, deren Arbeitgebermarke selten gestaltet und auf dem Markt etabliert ist müssen sich beim War of Talents gegenüber namenhaften Konkurrenten behaupten.

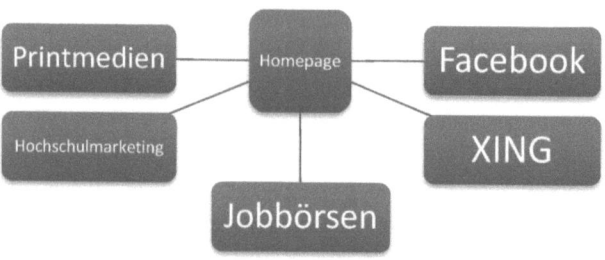

Abbildung 13: Recruiting-Mix
Selbst erstellt.

In Abbildung 13 zeigt die Auswahl des Recruitingmixes. Er besteht aus den klassischen Personalbeschaffungsmethode, dem E-Recruiting und Social Media. Im Kern der Personalbeschaffung steht die Homepage. Auf Sie wird immer wieder verwiesen oder steht im Austausch mit der jeweiligen Plattform.

Durch die Printmedien, die sich an Zielgruppe richten, können Vakante Stellen veröffentlicht werden. Diese können beispielsweise Hochschulzeitschriften, Anzeigeblätter oder Rundschreiben sein. Letztere werden meistens von den Studenten selbst verfasst. Die Zielgruppe der Nachwuchsführungskräfte kann direkt an den Hochschulen erreicht werden. Durch aktives Hochschulmarketing in der

---

[101] Vgl. ebd., S. 40.

[102] Vgl. Schmidt, S. (2007), S. 29.

richtigen Studienausrichtung, kann das Unternehmen die Arbeitgebermarke langfristig etablieren und den Kontakt zu den Studenten ausbauen. So kann erreicht werden, dass sich potenzielle Nachwuchskräfte gezielt selbstständig bewerben. Im Bereich des E-Recruiting verweisen die klassischen Methoden immer direkt auf die Homepage. Sie dient als Kern und ist die Informationsplattform für die Zielgruppe. Des Weiteren sieht die Zielgruppe auf der Homepage die Aktivitäten des Unternehmens auf Social Media. Die Homepage wird in einem Corporate Design erstellt. Dies erhöht den Wiedererkennungswert der Firma. Bei der Gestaltung der Homepage wird darauf Wert gelegt, dass der Link zu den Vakanten Stellen direkt zu finden ist. Des Weiteren sind auf der Homepage interaktive Elemente wie der aktuelle Like-Status von Facebook und Videos zu finden. Die integrierte Infobox von Facebook zeigt den Besuchern an wie viele Nutzer von Facebook mit der Agentur in Verbindung stehen. Gelichzeitig kann direkt auf der Unternehmenshomepage der sogenannten Facebook-Like abgesetzt werden. Über diese Infobox ist auch der direkte Zugriff auf die Fanpage des Unternehmens möglich. Unter den auf der Homepage befindlichen Kontakten wird der Verweis auf das Unternehmensprofil und das Profil des Ansprechpartners auf der Plattform platziert. Hier können potenzielle Bewerber einen Dialog mit den Mitarbeitern in der vorhandenen Gruppe führen oder direkt durch die Unternehmensseite. Die potenziellen Bewerber erwarten in der Regel auf Social Media Plattformen wie XING eine rasche Antwort, deswegen sollte der Personalverantwortliche mehrmals am Tag in sein Profil schauen. Auf der Homepage sind ebenfalls Videos abgelegt. Sie zeigen Mitarbeiter bei ihrer täglichen Arbeit.

Es ist ratsam diese Videos professionell erstellen zu lassen. Die Videos sollen sich trotz der professionellen Erstellung von Imagefilmen unterscheiden. So können die potenziellen Bewerber ein persönliches Bild über das Unternehmen bekommen und die Authentizität wird verstärkt.[103]

Eine Jobbörse die sich vor allem auf kleine und mittelständische Unternehmen spezialisiert hat, ist www.berufstart.de. Hier können sich Arbeitgeber kostenlos positionieren.

Die Plattform hat im Vergleich zu anderen eine hohe Anzahl an Hochschulabsolventen ohne Berufserfahrung, da sie sich auf diese spezialisiert hat.[104]

---

[103] Vgl. Zugehör, R. (2009), S.170.

[104] Vgl. Gutmann, J. (2002), S.207ff & Vgl. Beck, C (2002), S.38.

6. Schlussfolgerung und Fazit

Social Networks wachsen rapide an und haben sich in den letzten Jahren zu einem Massenphänomen entwickelt. Mehrere hundert Millionen Menschen sind auf diesen Plattformen unterwegs. Sie sind mittlerweile ein Zentrum des Informationsaustausches geworden und vereinen Menschen, Organisationen und Produkte. Für die Unternehmen die sich präsentieren wollen und die den War of Talents aufgenommen haben ist es unerlässlich Recruiting über Social Media zu betreiben. Der Hype des Social Media wandelt sich langsam zu einem ernsthaften Recruiting-Kanal.

Heutzutage ist es üblich immer und überall mobil zu sein. Wer nicht gerade an seinem Computer Zugriff auf ein Netzwerk hat, der greift über sein Handy und die passenden Apps auf die Netzwerke zu.

Gerade dies ist im Rahmen des Employer Branding schon jetzt und auch in der Zukunft elementar wichtig. Die Unternehmen müssen die besten Wege und Formen finden wie sie ihre Botschaften zielgruppengerecht und authentisch unterbringen.

Das Unternehmen ins Social Media zu implementieren bietet aber nicht nur Chancen. Die Risiken von Social Media sind groß und dürfen nicht außer Acht gelassen werden. Social Media erfordert ein hohes Maß an Zeitkapazitäten. Es besteht bei Benutzern Suchtpotenzial. Manche verlieren sich in der virtuellen Welt und vergessen das normale Leben. Mitarbeiter können sich durch die Anwendungen überfordert fühlen. Dies kann bis zum Burn Out führen. Das Thema Datenschutz und Internetkriminalität darf ebenfalls nicht außen vor gelassen werden. Social Media verändert sich permanent. Die Anwendungen legen bei der Entwicklung ein hohes Tempo vor.

Wenn allerdings ein Unternehmen den Weg ins Social Media wählt und darüber hinaus auch noch Personalrecruiting betreiben möchte, dann kommt es nicht um die Plattformen XING, LinkedIn und Facebook herum.

Das populärste und meistgenutzte Business Netzwerk im deutschsprachigen Raum ist XING. Auf dieser Plattform gibt es diverse Anwendungen, die Recruiter zur Mitarbeitergewinnung einzeln als auch in Kombination einsetzen können. Die hohe Anzahl der Mitglieder resultiert aus der hohen Akzeptanz aller Branchen und des geschäftlichen Kontextes dieser Plattform. Aufgrund dessen ist diese Plattform zur Mitarbeitersuche prädestiniert.

International gesehen spricht die Größe des Netzwerkes von LinkedIn für sich. Diese überdurchschnittliche Anzahl an Mitgliedern steht für eine umfangreiche Erreichbarkeit der wesentlichen Kandidaten. National gesehen erhöht sich die Relevanz dieser Plattform immer weiter. Dies wird vor allem durch die stetig steigende Anzahl an deutschen Mitgliedern und Unternehmen sichtbar. Auch wenn die Plattform noch nicht den Aktivitätsgrad im Bezug zu erreicht hat, so wird die Bedeutung dieser Plattform in den kommenden Jahren weiter steigen.

Facebook liegt bezüglich seiner hohen Mitgliederzahl und deren hoher Verweildauer vor allen anderen Social Media Plattformen. Facebook bietet zwar keine exklusive Anwendung für die Personalbeschaffung, aber Unternehmen können sich hier im Bereich des Unternehmensimage und der Arbeitgebermarke gut aufstellen. So können die Unternehmen Vakanzen in Form von Werbeanzeigen schalten oder die Fanpage als Employer Branding Tool nutzen. Auf dieser Plattform liegt das Potenzial für die Unternehmen hauptsächlich darin die Marke in den persönlichen und privaten Bereich der Mitglieder zu bringen und dort zu festigen. Im Rahmen einer langfristigen Social Media Strategie im Unternehmen führt an Facebook kein Weg vorbei.

Zusätzlich sollte die sich immer wieder veränderten AGBs im Auge behalten werden. Das Beispiel vom 15.01.2015 zeigt dass Facebook immer mehr Daten der Benutzer sammelt. Die Frage ist wann ist der Kredit bei den Nutzern verspielt oder werden sie auch in Zukunft Facebook treu bleiben. Seit dem 15.01.2015 darf Facebook, ob geöffnet oder geschlossen, jeden Standort des Handybesitzers aufnehmen und speichern. So sollen die Gewohnheiten noch besser durchleuchtet werden. Desto bekannter der Nutzer ist, desto besser können die Werbeanzeigen gezielt geschaltet werden.

Das Hauptaugenmerk sollte aber nicht nur auf die neuen Recruitinginstrumente gerichtet sein, Die klassischen Instrumente des Recruitings sind weiterhin ein wichtiger Bestandteil des Personalbeschaffungsprozesses.

Literaturverzeichnis

Bücher und Zeitschriften

Bauer, C./Kerstin F./Harschke, J. (2011): Social Media in der mittelständischen Wirschaft Hessens, Wiesbaden.

Beck, C. (2002): E-Recruitment. Strategien Instrumente, Neuwied.

Beck, C. (2008): Personalmarketing 2.0. Vom Employer Branding, Köln.

Bernauer, D./Hesse, G./Laick, S./Schmitz, B. (2011): Social Media im Personalmarketing – Erfolgreich in Netzwerken kommunizieren, Köln.

Bollwitt, B. (2012): Herausforderung demographischer Wandel: Employer Branding als Chance für die Personalrekrutierung, Hamburg.

Bösenberg, C./Bernhard K. (2011): Im Mittelpunkt steht der Mitarbeiter, Was die Arbeitswelt wirklich verändern wird, Freiburg.

Brecht, B. (1967): Der Rundfunk als Kommunikationsapparat, in: ders.: Gesammelte Werke Band 18, Frankfurt am Main, S. 127-134.

Buckesfeld, Y. (2012): Employer Branding: Strategie für die Steigerung der Arbeitgeberattraktivität in KMU, 2. Auflage. München.

Eck, K. (2010): Personal Branding und Reputation Management, in: Schüller, A./Schwarz, T. (Hg.): Leitfaden WOM Marketing, Berlin, S. 362-374.

Felser, G. (2010): Personalmarketing - Praxis der Personalpsychologie, Göttingen.

Ferdossov, A./Kirchner, J. (2009): Online-Personalsuche: Praxishandbuch für aktive Personalbeschaffung im Internet, Norderstedt.

Grabs, A./Bannour, K. (2011): Follow me!: Erfolgreiches Social Media Marketing mit Facebook, Twitter und Co, Bonn.

Grohe, M. (2011): Social Media Recruiting im Praxiseinsatz., in: Bernauer,D./Hesse,G./Laick, S./Schmitz,B. (Hg.): Social Media im Personalmarketing. Erfolgreich in Netzwerken.

Gutmann, J. (2002): Jobbörsen und Karriereportale in Deutschland, in: Hünninghausen, L. (Hg.): Die Besten gehen ins Netz. Report E-Recruitment, Düsseldorf.

Hermann, A. (2012): Personal gewinnen mit Social Media, Freiburg.

Hilker, C. (2012): Erfolgreiche Social-Media-Strategien für die Zukunft: Mehr Profit durch Facebook, Twitter, Xing und Co, Wien.

Hilker, C. (2010): Social Media für Unternehmer - Wie man Xing, Twitter, Youtube und Co. erfolgreich im Business einsetzt, Wien.

Köhler,T. (2011): Social-Media-Management - Chancen der Neuen Medien nutzen - Risiken für Unternehmen vermeiden, München.

Kürn,H. (2009): Kandidaten dort abholen, wo sie sind: Wie 2.0 das Recruiting und Personalmarketing verändert, in: Trost, A. (Hg.): Employer Branding - Arbeitgeber positionieren und präsentieren, Köln, S. 148 – 155.

Lutz, A./Rumohr, J. (2013): Xing optimal nutzen: Geschäftskontakte - Aufträge - Jobs. So zahlt sich Networking im Internet aus, 5. Auflage, Wien.

Meifert, M. (2001): Strategisches Talent Management: Potenziale systematisch finden und entwickeln, Stuttgart.

Oechsler,W. (2006): Personal und Arbeit - Grundlagen des Human Ressource Management und der Arbeitgeber-Arbeitnehmer-Beziehungen, 8. Auflage, München.

Petkovic, M. (2008): Employer Branding - Ein markenpolitischer Ansatz zur Schaffung von Präferenzen bei der Arbeitgeberwahl, in: Hummel, T./Knebel, H./Wagner, D./Zander, E.(Hg.), München.

Scherm, E./Süß, S. (2011): Personalmanagement, 2. Auflage, München.

Schindler, M./Liller, T. (2011): PR im Social Web - Das Handbuch für Kommunikationsprofis, Köln.

Schmidt, S. (2007): Hochschulmarketing. Grundlagen, Konzepte, Perspektiven, Düsseldorf.

Schneider, S. (2012): Social Media - der neue Trend in der Personalbeschaffung: Aktive Personalsuche mit Facebook, Xing & Co.?, Hamburg.

Scholz, C. (2001): Grundzüge des Personalmanagements, München.

Sonntag, J. (2014): Employer Branding: Mit Social Media zur erfolgreichen Personalrekrutierung im Mittelstand, Hamburg.

Stotz, W./Wedel, A. (2009): Employer Branding - Mit Strategie zum bevorzugten Arbeitgeber, München.

Trost, A. (2009): Employer Branding - Arbeitgeber positionieren und präsentieren, Köln.

Weinberg, T. (2001): Social Media Marketing: Strategien für Twitter, Facebook & Co, 2. Auflage, Köln.

Weitzel, T./Eckhardt, A/Maier, C./Laumer, S./von Stetten, A./Guhl, E. (2012 a): bewerbungspraxis 2012, in: Center of Human Ressources Information Systems, Universität Bamberg, Universität Frankfurt am Main, & Monster Worldwide GmbH (Hg.): Eine empirische Studie mit über 10.000 Stellensuchenden und Karriereinteressierten im Internet, Bamberg.

Weitzel, T./Eckhardt, A/Maier, C./Laumer, S./von Stetten, A./Guhl, E. (2012 b): recruiting trends - Ein Rückblick auf 10 Jahre, in: Center of Human Ressources Information Systems, Universität Bamberg, Universität Frankfurt am Main, & Monster Worldwide GmbH (Hg.), Bamberg.

Wöhe, G./Döring, U. (2010): Einführung in die Allgemeine Betriebswirtschaftslehre, 24. Auflage, München.

Wohlfahrt, E. (2010): Chance Online-PR - zielgerichtet kommunizieren im Social Web, in: Schüller, A./Schwarz, T. (Hg.): Leitfaden WOM Marketing, Berlin, S. 132-139.

Zehner, I. (2010): Integration Sozialer Netzwerke in Recruiting-Prozesse: Kür oder Pflicht?, Frankfurt.

Zugehör, R. (2009): Im Rampenlicht: Webvideos als Instrument der Personalrekrutierung, in: Trost, A. (Hg.): Employer Branding. Arbeitgeber positionieren und präsentieren, Köln, S. 170-178.

Internetquellen

Besch, M. (2013): Social Media Institute (SMI), http://socialmedia-institute.com/xing-news-nachrichten-beschrankung-talentmanager-premium-und-recruiter-account/ (Letzter Zugriff am 15.02.2015)

Hutter, T. (2014): Anzahl der aktiven Nutzer von Facebook in Deutschland von Januar 2010 bis Mai 2014 auf Statista, http://de.statista.com/statistik/daten/studie/70189/umfrage/nutzer-von-facebook-in-deutschland-seit-2009/ (Letzter Zugriff am 15.02.2015).

Hoffmann, A. (2009): Presseportal, http://www.presseportal.de/pm/64022/1346672/linkedin-startet-in-deutscher-sprache-durch (Letzter Zugriff am 15.02.2015).

Koß, S. (2014): Linkedinsiders, https://linkedinsiders.wordpress.com/tag/recruiting/ (Letzter Zugriff am 15.02.2015).

LinkedIn (ohne Jahr a): Company, https://www.linkedin.com/company/linkedin (Letzter Zugriff am 15.02.2015).

LinkedIn (ohne Jahr b):Premium, https://www.linkedin.com/premium/products?displayProducts=&trk=nav_account_sub_nav_ upgrade (Letzter Zugriff am 15.02.2015).

Ohne Verfasser (ohne Jahr a): Internes und externes Employer Branding Die Arbeitgebermarke, als Teil des Marketing Mix im Personalmarketing. Corporate Identity, Markenbildung und Arbeitgeberimage Strategien und Maßnahmen, http://www.perwiss.de/employer-branding.html (Letzter Zugriff am 15.02.2015).

Ohne Verfasser (ohne Jahr b): Institute for Competitive Recruiting (ICR), http://www.competitiverecruiting.de/ControllingvonSocialMediaRecruiting Aktivitaeten.html (Letzter Zugriff am 15.02.2015).

XING. (ohne Jahr): XING - Select Package, https://www.xing.com/companies/contract/select_package (Letzter Zugriff am 15. 02 2015).

Anhang - Umfrageergebnisse

Frage 1: Nutzen Sie soziale Netzwerke im Internet?

Bitte wählen Sie nur eine der folgenden Antworten aus:

○ Ja

○ Nein

Antworten:

Antwort	Anzahl	Prozent
Ja (Y)	118	98.33%
Nein (N)	2	1.67%
keine Antwort	0	0.00%
Nicht gezeigt	0	0.00%

Diagramm:

Frage 2.1: Wieso nutzen Sie keine sozialen Netzwerke im Internet?

Beantworten Sie diese Frage nur, wenn folgende Bedingungen erfüllt sind:
Antwort war 'Nein' bei Frage '1 [F1]' (Nutzen Sie soziale Netzwerke im Internet?)

Bitte wählen Sie alle zutreffenden Antworten aus:

☐ Kein Interesse

☐ Keine Zeit

☐ Ich möchte ungern Daten von mir im Internet veröffentlichen

☐ Ich glaube meine Daten sind in solchen Netzwerken nicht ausreichend gesichert

☐ Andere Gründe

Mehrfachauswahl möglich

Antworten:

Antwort	Anzahl	Prozent
Kein Interesse (SQ001)	1	50.00%
Keine Zeit (SQ002)	1	50.00%
Ich möchte ungern Daten von mir im Internet veröffentlichen (SQ004)	1	50.00%
Ich glaube meine Daten sind in solchen Netzwerken nicht ausreichend gesichert (SQ005)	1	50.00%
Andere Gründe (SQ006)	0	0.00%

Diagramm:

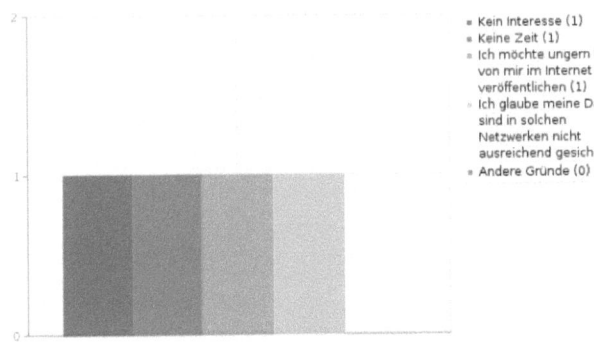

Frage 2.2: Welche der folgenden sozialen Netzwerke nutzen Sie?

Beantworten Sie diese Frage nur, wenn folgende Bedingungen erfüllt sind:
Antwort war 'Ja' bei Frage '1 [F1]' (Nutzen Sie soziale Netzwerke im Internet?)
Bitte wählen Sie alle zutreffenden Antworten aus:

☐ Facebook

☐ Xing

☐ Twitter

☐ LinkdIn

☐ StudiVZ/MeinVZ

☐ Andere Netzwerke

Mehrfachauswahl möglich

Antworten:

Antwort	Anzahl	Prozent
Facebook (SQ001)	117	99.15%
Xing (SQ002)	15	12.71%
Twitter (SQ003)	14	11.86%
LinkdIn (SQ004)	6	5.08%
StudiVZ/MeinVZ (SQ005)	4	3.39%
Andere Netzwerke (SQ006)	14	11.86%

Diagramm:

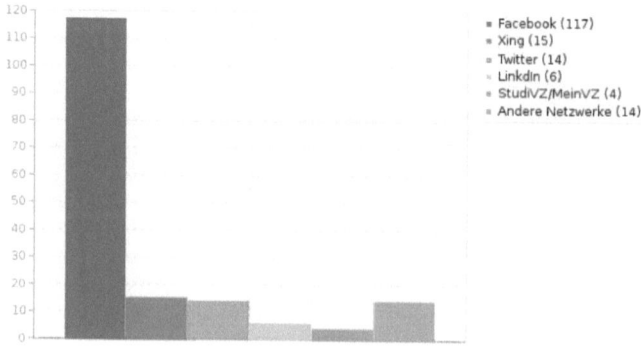

Frage 3: Wie lange nutzen Sie soziale Netzwerke schon?

Beantworten Sie diese Frage nur, wenn folgende Bedingungen erfüllt sind:
Antwort war 'Ja' bei Frage '1 [F1]' (Nutzen Sie soziale Netzwerke im Internet?)

Jede Antwort muss zwischen 0 und 50 sein

in diesem Feld kann nur ein ganzzahliger Wert eingetragen werden.

Bitte geben Sie Ihre Antwort hier ein:

___ Jahre

Antworten:

Berechnung	Ergebnis
Anzahl	118
Durchschnitt	6.43
Minimum	1.0000000
1ter Viertelwert (Q1 unteres Quartil)	4
2ter Viertelwert (Mittleres Quartil)	5
3ter Viertelwert (Q3 Oberes Quartil)	8
Maximum	39.000000

Frage 4: Wie häufig nutzen Sie soziale Netzwerke?

Beantworten Sie diese Frage nur, wenn folgende Bedingungen erfüllt sind:
Antwort war 'Ja' bei Frage '1 [F1]' (Nutzen Sie soziale Netzwerke im Internet?)

Bitte wählen Sie nur eine der folgenden Antworten aus:

○ Mehrmals täglich

○ Einmal am Tag

○ 1-3 Mal in der Woche

○ 1-3 Mal im Monat

○ Weniger als aufgelistet

Antworten:

Antwort	Anzahl	Prozent
Mehrmals täglich (A1)	92	77.97%
Einmal am Tag (A2)	18	15.25%
1-3 Mal in der Woche (A3)	7	5.93%
1-3 Mal im Monat (A4)	1	0.85%
Weniger als aufgelistet (A5)	0	0.00%
keine Antwort	0	0.00%

Diagramm:

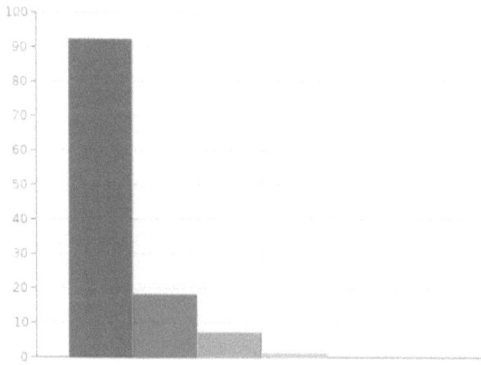

Frage 5: Beenden Sie folgenden Satz. Ich nutze soziale Medien ...

Beantworten Sie diese Frage nur, wenn folgende Bedingungen erfüllt sind:
Antwort war 'Ja' bei Frage '1 [F1]' (Nutzen Sie soziale Netzwerke im Internet?)

Bitte wählen Sie nur eine der folgenden Antworten aus:

○ Ausschließlich privat

○ Ausschließlich beruflich

○ Beruflich und privat

Antworten:

Antwort	Anzahl	Prozent
Ausschließlich privat (A1)	82	69.49%
Ausschließlich beruflich (A2)	0	0.00%
Beruflich und privat (A3)	36	30.51%
keine Antwort	0	0.00%

Diagramm:

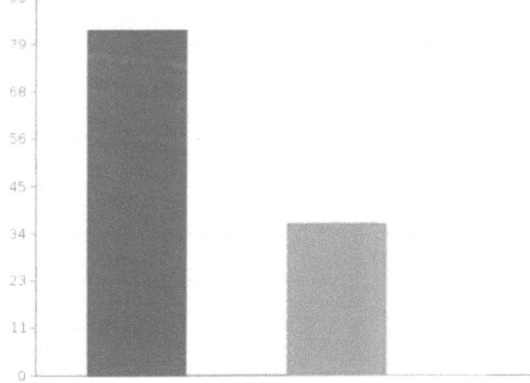

Frage 6: Welchen der folgenden Tätigkeiten gehen Sie in sozialen Netzwerken im Internet nach?

Beantworten Sie diese Frage nur, wenn folgende Bedingungen erfüllt sind:
Antwort war 'Ja' bei Frage '1 [F1]' (Nutzen Sie soziale Netzwerke im Internet?)
Bitte wählen Sie alle zutreffenden Antworten aus:

☐ Kommunikationsmittel

☐ Kontaktpflege

☐ Profilpflege

☐ Über potentielle Arbeitgeber informieren

☐ Über interessante Jobs informieren

☐ Bewerbung

☐ Sonstiges

Mehrfachauswahl möglich.

Antworten:

Antwort	Anzahl	Prozent
Kommunikationsmittel (SQ001)	100	84.75%
Kontaktpflege (SQ002)	98	83.05%
Profilpflege (SQ003)	33	27.97%
Über potentielle Arbeitgeber informieren (SQ004)	13	11.02%
Über interessante Jobs informieren (SQ005)	16	13.56%
Bewerbung (SQ006)	6	5.08%
Sonstiges (SQ007)	42	35.59%

Diagramm:

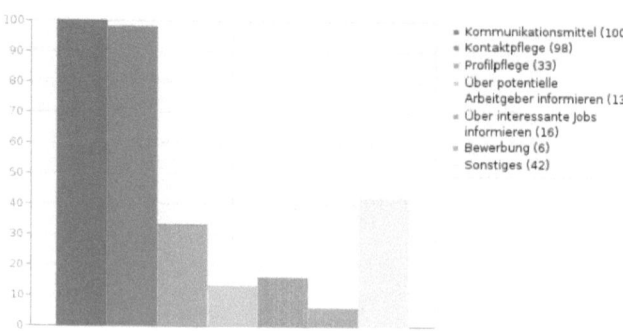

Frage 7: Wie werden Sie zukünftig soziale Medien einsetzen?

Beantworten Sie diese Frage nur, wenn folgende Bedingungen erfüllt sind:
Antwort war 'Ja' bei Frage '1 [F1]' (Nutzen Sie soziale Netzwerke im Internet?)

Bitte wählen Sie alle zutreffenden Antworten aus:

☐ Kommunikationsmittel

☐ Kontaktpflege

☐ Selbstpräsentation

☐ Jobrecherche

☐ B ewerbungen

☐ Sonstiges

Mehrfachauswahl möglich

Antworten:

Antwort	Anzahl	Prozent
Kommunikationsmittel (SQ001)	106	89.83%
Kontaktpflege (SQ002)	99	83.90%
Selbstpräsentation (SQ003)	30	25.42%
Jobrecherche (SQ004)	24	20.34%
Bewerbungen (SQ005)	14	11.86%
Sonstiges (SQ006)	35	29.66%

Diagramm:

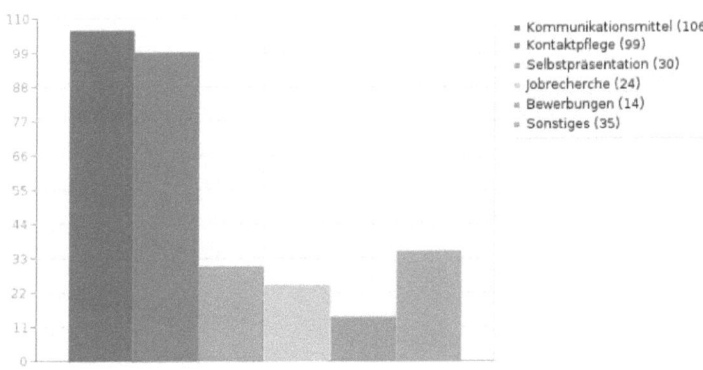

Frage 8: Haben Sie sich schon einmal über ein Unternehmen oder einen potenziellen Arbeitgeber bzw. Jobs mittels sozialer Medien erkundigt?

Beantworten Sie diese Frage nur, wenn folgende Bedingungen erfüllt sind:
Antwort war 'Ja' bei Frage '1 [F1]' (Nutzen Sie soziale Netzwerke im Internet?)

Bitte wählen Sie nur eine der folgenden Antworten aus:

○ Ja

○ Nein

Antworten:

Antwort	Anzahl	Prozent
Ja (Y)	50	42.37%
Nein (N)	68	57.63%
keine Antwort	0	0.00%

Diagramm:

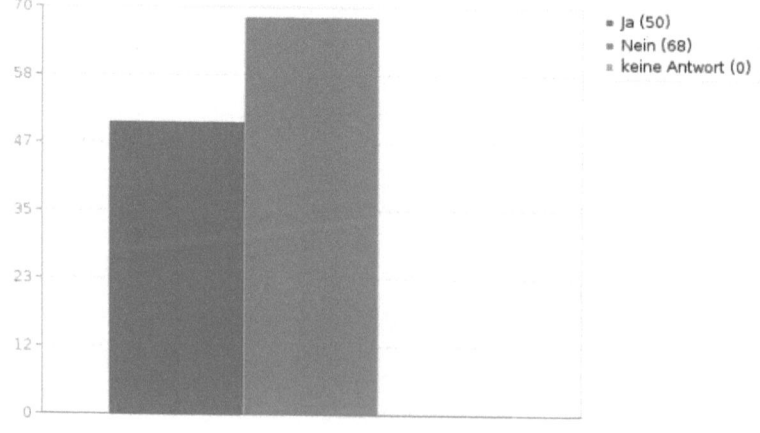

Frage 9: Welche Funktionen auf einer Unternehmens- bzw. Karriereseite sind für Sie besonders wichtig?

Beantworten Sie diese Frage nur, wenn folgende Bedingungen erfüllt sind:
Antwort war 'Ja' bei Frage '1 [F1]' (Nutzen Sie soziale Netzwerke im Internet?)

Bitte wählen Sie alle zutreffenden Antworten aus:

☐ Allgemeine Unternehmensinfos

☐ Integrierte Jobs

☐ Interaktive Pinnwand

☐ Karriereinfos

☐ Arbeitgebervideos

☐ Veranstaltungskalender

Mehrfachauswahl möglich

Antworten:

Antwort	Anzahl	Prozent
Allgemeine Unternehmensinfos (SQ001)	106	89.83%
Integrierte Jobs (SQ002)	52	44.07%
Interaktive Pinnwand (SQ003)	15	12.71%
Karriereinfos (SQ004)	62	52.54%
Arbeitgebervideos (SQ005)	27	22.88%
Veranstaltungskalender (SQ006)	24	20.34%

Diagramm:

Frage 10: Wie alt sind Sie?

In diesem Feld kann nur ein ganzzahliger Wert eingetragen werden.

Bitte geben Sie Ihre Antwort hier ein:

___ Jahre

Antworten:

Berechnung	Ergebnis
Anzahl	120
Durchschnitt	33.45
Minimum	13.000000
1ter Viertelwert (Q1 unteres Quartil)	25.25
2ter Viertelwert (Mittleres Quartil)	31
3ter Viertelwert (Q3 Oberes Quartil)	40
Maximum	64.000000

Frage 11: Sind Sie weiblich oder männlich?

Bitte wählen Sie nur eine der folgenden Antworten aus:

O weiblich

O männlich

Antworten:

Antwort	Anzahl	Prozent
weiblich (F)	59	49.17%
männlich (M)	61	50.83%
keine Antwort	0	0.00%

Diagramm:

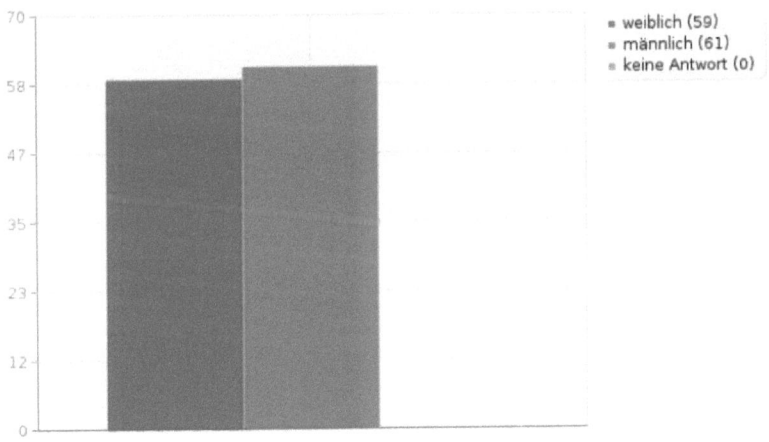

Frage 12: Welche der folgenden Tätigkeiten üben Sie aus?

Bitte wählen Sie maximal eine Antwort.

Bitte wählen Sie alle zutreffenden Antworten aus:

☐ Angestellter

☐ Gewerblicher Mitarbeiter

☐ Leitender Angestellter

☐ Selbstständig

☐ Student

☐ Arbeitsuchend

☐ Sonstiges

Antworten:

Antwort	Anzahl	Prozent
Angestellter (SQ001)	68	56.67%
Gewerblicher Mitarbeiter (SQ002)	8	6.67%
Leitender Angestellter (SQ003)	11	9.17%
Selbstständig (SQ004)	3	2.50%
Student (SQ005)	13	10.83%
Arbeitsuchend (SQ006)	0	0.00%
Sonstiges (SQ007)	17	14.17%

Diagramm:

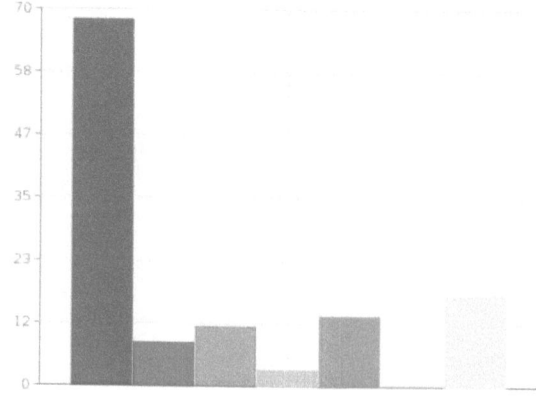

Frage 13: Bitte nennen Sie Ihren höchsten Schulabschluss.

Bitte wählen Sie maximal eine Antwort.

Bitte wählen Sie alle zutreffenden Antworten aus:

☐ Hauptschulabschluss

☐ Realschulabschluss

☐ Abitur/Fachhochschulreife

☐ Hochschulabschluss

☐ Sonstiges

Antworten:

Antwort	Anzahl	Prozent
Hauptschulabschluss (SQ001)	11	9.17%
Realschulabschluss (SQ002)	31	25.83%
Abitur/Fachhochschulreife (SQ003)	46	38.33%
Hochschulabschluss (SQ004)	28	23.33%
Sonstiges (SQ005)	4	3.33%

Diagramm:

- Hauptschulabschluss (11)
- Realschulabschluss (31)
- Abitur/Fachhochschulreife (46)
- Hochschulabschluss (28)
- Sonstiges (4)

Frage 14: Besitzen Sie einen der folgenden Abschlüsse?

Bitte wählen Sie maximal eine Antwort.

Bitte wählen Sie alle zutreffenden Antworten aus:

☐ Ökonom / Fachwirt

☐ Techniker

☐ Betriebswirt

☐ Meister

☐ Bachelor

☐ Master

☐ Doktor

☐ Keinen dieser Abschlüsse

Antworten:

Antwort	Anzahl	Prozent
Ökonom / Fachwirt (SQ001)	2	1.67%
Techniker (SQ002)	5	4.17%
Betriebswirt (SQ003)	6	5.00%
Meister (SQ004)	2	1.67%
Bachelor (SQ005)	9	7.50%
Master (SQ006)	10	8.33%
Doktor (SQ007)	2	1.67%
Keinen dieser Abschlüsse (SQ008)	84	70.00%

Diagramm:

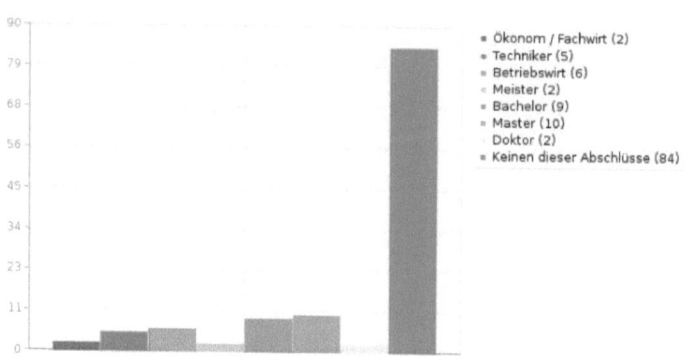

Frage 15: Streben Sie einen der folgenden Abschlüsse an?

Bitte wählen Sie maximal eine Antwort.

Bitte wählen Sie alle zutreffenden Antworten aus:

☐ Ökonom / Fachwirt

☐ Techniker

☐ Betriebswirt

☐ Meister

☐ Bachelor

☐ Master

☐ Doktor

☐ Nein

Antworten:

Antwort	Anzahl	Prozent
Ökonom / Fachwirt (SQ001)	0	0.00%
Techniker (SQ002)	5	4.17%
Betriebswirt (SQ003)	5	4.17%
Meister (SQ004)	0	0.00%
Bachelor (SQ005)	9	7.50%
Master (SQ006)	9	7.50%
Doktor (SQ007)	4	3.33%
Nein (SQ008)	88	73.33%

Diagramm:

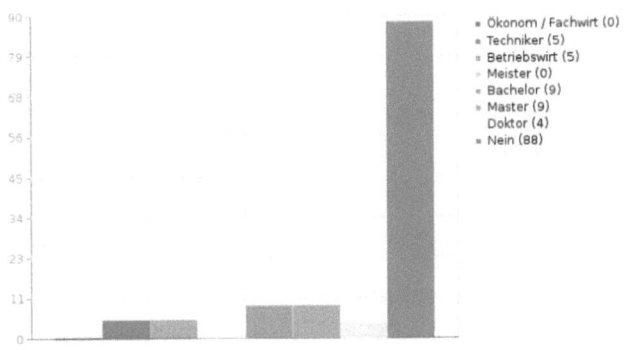